U0304428

学会阅读

李炯炎 著

LEARN TO READ

基于有书3000万书友的阅读大数据，提炼出系统、实用的阅读方法论

让你重拾书本、高效阅读

机械工业出版社

CHINA MACHINE PRESS

阅读很难？阅读坚持不下去？阅读完后什么都记不住？其实并不是你的意志力和记忆力不好，而是没有找到阅读的动机和方法。

本书作者潜心研究阅读数年，构建出阅读的底层逻辑，并提出了阅读的四大动机模型——消遣、学以致用、精神享受、好奇心，同时给出了高效阅读的方法论，帮助你实现高效阅读。

他的这套方法论影响了超过 20 万书友，帮助他们通过阅读和写作实现了人生价值，找到了人生的意义。

图书在版编目（CIP）数据

学会阅读／李炯炎著. —北京：机械工业出版社，2021. 4
（2022. 1 重印）
ISBN 978－7－111－67886－1

Ⅰ.①学…　Ⅱ.①李…　Ⅲ.①读书方法
Ⅳ.①G792

中国版本图书馆 CIP 数据核字（2021）第 057987 号

机械工业出版社（北京市百万庄大街22 号　邮政编码100037）
策划编辑：解文涛　　　　责任编辑：解文涛　胡嘉兴
责任校对：李　伟　　　　责任印制：孙　炜
北京联兴盛业印刷股份有限公司印刷

2022 年 1 月第 1 版第 2 次印刷
145mm×210mm · 7. 5 印张 · 3 插页 · 123 千字
标准书号：ISBN 978－7－111－67886－1
定价：69. 80 元

电话服务　　　　　　　　　网络服务
客服电话：010－88361066　　机　工　官　网：www. cmpbook. com
　　　　　010－88379833　　机　工　官　博：weibo. com/cmp1952
　　　　　010－68326294　　金　书　网：www. golden-book. com
封底无防伪标均为盗版　　机工教育服务网：www. cmpedu. com

推荐序

唤醒阅读的动力

阅读是一个被反复提及的话题。其实，自从进入 21 世纪以来，中国几乎每年都有机构或者个人做出世界各国阅读图书的各种数据对比，而中国的人均阅读量很低。

每年的读书节都旨在唤醒大家的阅读兴趣，各种活动和呼吁可以说从未停止。还有许多媒体会借机发出读书的人越来越少的感慨，配图往往是低头看手机的人群。然而，似乎读书的人还是在逐渐减少，这是一种普遍的认识。

古时候的阅读是天然具有垄断性的，这种垄断不需要刻意制造任何壁垒，而是社会的自然分层。在当时，书籍这种最珍贵的人类文明的载体并不是人人都能拥有、人人都能看到、人人都能看懂的。大家可能知道在孔子之前民间是没有学校的，贵族之外的平民百姓不是想不想读书的问题，而是根本没有机会去读书。大字不识，就连姓名都是狗子、二娃、三妮这样随便叫，试想哪来的阅读问题（顺便说一句，能把读书识字带到民间，仅凭这一点就足以让孔子在历史上留名了）。

如今，当我们终于可以面对如此丰富的文献资源的时候，人们忽然又发现太多人不珍惜了、不爱看了，这是一种表现出来的事实，但这样的判断可能会导致一种误解，那就是人们的阅读能力早已不是问题了。试想从孔子把学习带到民间，经过两千多年的发展，历史上有那么多有文化的大人物留下了楚辞汉赋唐诗宋词元曲明清小说……还有无数的思想文化典籍，历代都有政府牵头编纂，汇成各种大合集，距离咱们最近的清代四库全书内容就够多了，所以结论就是，阅读不是能力的问题，而是意愿的问题。可是，真的如此吗？也许，这只是一个错觉。

所谓浩如烟海的典籍的确有，收集编纂的工作也一直在做，但是这些书籍有几个人能看到？大家对下面的数据最好有一个思想准备，我要说的是，新中国成立时的文盲率是80%左右，这还是平均数，如果考虑到有点知识文化的人都集中在少数几个大城市，那么可以想象，全国真正有能力看书的人有多少，大家细想一下，应该就能理解当时为什么要推广简化字了，就是要迅速地让人们能认字！现在为什么国家要坚定地推行九年义务教育，甚至有些地方在探索十二年义务教育？就是为了提高人们的认知水平。虽然可能还有很多孩子没有珍惜这样的机会，没有认真地去学习，但至少大多数人已经达到初中毕业的水平了，说得直白点，大多数人已经可以看点书了，但也仅此而已。我们又怎么能要求他们阅读什么经典著作，苛求他们对这个社会有着高明的认知呢？

所以我们现在要提出的阅读问题，首先不是要求阅读达到多么高的水平，而是要帮助更多的人正确地认识阅读这件事、这个行为，并且能坚持去做，形成一种阅读习惯，在这个基础上我们才能进一步强调读什么、如何提升阅读能力的问题。

阅读不是一件天经地义的事，不是任何一个人拿起书就能读，阅读是要学习的。

《学会阅读》这本书就是要教会更多的人实现高效阅读。

作者李炯炎是位年轻人。很多人会觉得他既不是搞研究的，也没什么高深的理论知识，凭什么教别人阅读呢？的确，从传统意义上来说，他只是一个善于读书、善于总结的年轻人。那么他有什么资格写这样一本书呢？其实，我们不用看他是什么身份，只要看看在知名的阅读平台上有7万多名学习者跟随他一起学习阅读方法，还有着近万名的学员通过他的帮助喜欢上阅读，甚至开始了独立的写作，这就够了。

这本书是炯炎多年阅读经验的总结，希望更多的人能像他一样学会阅读，通过大量的阅读学会写作，最终实现人生价值。他在书中并没有提出多少理论性的建树，而是提供了很强的实操方法。

他把促进阅读的动机总结成四个维度，分别是消遣、学以致用、精神享受和好奇心，这四个维度的动机是可以并存的。针对这些动机，他提出了不同的阅读场景和对应的书籍类型，比如，消遣类的图书可以放在一个你随时可能出现的地方，能够大大提升你捧起书阅读的概率。学以致用类的图书，比如考试、职场晋升、提高能力方面的图书，就需要在阅读之前，先规划好你的问题和目的，有计划地去查阅书籍。精神享受类的图书，你把经典的语句理解了，可以通过朋友圈等方式向更多人传递自己的心得，一起分享精神收获带来的愉悦。而这一切都能成为推动我们产生好奇心的动力，好奇心是人类创造的源泉。从这四个维度来培养阅读兴趣的目的是一致的：如何让一个不喜欢阅读的人喜欢上阅读。

书中还有帮助大家提高阅读速度的具体方法：比如双行法，即在阅读时着重看下面一行，余光看上面一行。因为你在看下面一行的时候，你已经知道了结果，上面一行是在看原因。这样你的整体阅读速度能提高 1.5 倍以上。

对于做笔记，他也列出了具体的操作步骤。

书中实用的阅读方法还有很多，我就不再罗列讲解了。

也许以前我们太在乎所谓理论和分析，而忽略了阅读本身就是一个实践性的行为。就好像我们总想告诉别人"吃"的理论、"喝"的理论，而实际上无论理论多么高明，我们都需要去实践，去真的"吃""喝"，在这个过程中，我们自然就学会了如何使用筷子、刀叉、勺子这些工具，而不是相反，需要学会了之后才使用，那样恐怕永远也学不会。《学会阅读》这本书就是一本非常实用的阅读指南。

非常高兴能为炯炎小友撰写本书序言，因为这也是我长期以来想做而没做，如今却被炯炎做得更好的工作。有那么多热爱阅读和写作的年轻人已经成长起来，这令我多少有些感慨，虽然自觉还年轻，但毕竟一波波的后浪早已成了一朵朵散发魅力的浪花了。欣赏之余，让人忍不住想要重回"橘子洲头"，去感受"浪遏飞舟"的热情了。

愿阅读成为一种习惯，成为一代代中国人的生活日常，我相信，那时的中国一定是更加自信、更加和谐、更具魅力的中国！

让我们开始阅读吧！

孟云剑
2020 年 12 月 25 日
于北京·慕圣斋

自 序

（一）

在过去很长的一段时间里，阅读都是一件很奢侈的事情。那时候，拥有书籍的数量多少，不仅可以作为评判一个人学识高低的参考依据，还是衡量一个人财富多少的标准。

过去，书籍都有精致的装帧形式，都是厚重的大开本。而进出书店的都是接受过良好教育的人。无论是从物质上还是从精神上看，书都有了奢侈品的味道。因此，阅读是一件有门槛的事情。

阅读门槛的第一次降低，是在第二次世界大战时期。因战争的需要，美国有大约1400万年轻的士兵，突然从平民变成了军人。为了缓解士兵的精神压力，军队需要给他们提供一些便捷的娱乐方式，而在当时最好的解决办法就是读书。于是，曾经被"鄙视"的平装书被大规模地印刷出来，运送到了前线。其中比较受士兵欢迎的，就有菲茨杰拉德的著作《了不起的盖茨比》。

阅读门槛的第二次降低，是由于阅读电子化。电子书刚刚出现的时候，也被看作100年前的"平装书"，处于鄙视链的底端。然而，由于方便查阅、成本极低，电子书迅速得到了普及。

阅读的好处不言而喻。我自己，就是阅读的受益者。

通过阅读，我找到了热爱的行业，从电商行业跨界成为一位内容主编；通过阅读，我写出了几百篇"10万+"阅读量的微信公众号文章；通过阅读，我帮助超过20万书友找到了人生的意义。

同时，通过阅读，我也找到了自己人生的终极目标：推广、普及阅读和写作，让更多的人找到自己人生的价值。

现在可以选择的书籍种类有很多，据说最近几年，每年出版的书籍能够达到30万种。

然而，在这种获取知识的成本不断降低的情况下，读书反而变成了一件奢侈的事情。

暂且不说那些需要占用大量时间阅读的经典书籍，对于现代人来说，就连如何选择一本适合自己的书，都要绞尽脑汁。

另外，随着社会竞争的加剧、社会节奏的加快，人们也难以利用整块的时间来读书。

很多人精心制订的阅读计划，最后都无疾而终。于是阅读的意义就渐渐地被人们淡忘了，甚至有一段时间，说自己爱好读书，还会被一部分人认为是一件很虚伪的事情。

虽然在现在，人们可以用很自我、很随意的方式阅读，但高效的阅读方法一直存在。我相信，你一定希望有人能手把手教你一套系统的阅读方法论，让知识尽可能多地进入你的脑海。

于是，就有了你手上的这本书。

（二）

与其说本书是一本讲阅读方法论的书籍，倒不如说它是一本帮助大众轻易建立认知逻辑、内化知识的指南。

在这本书里，我不仅将教会你随时可以使用的阅读方法，还会帮你搭建一个牢固的知识框架。这个框架搭建得越合理，以后获取知识就会越高效。

孤立的知识，总是很难被人理解、吸收，因此你必须构建一个知识网，用一个完整的体系来捕获它。

打个比方，孤立的知识好比鱼钩，用它去钓鱼，固然能钓上来，但是收获很慢、很少，而知识体系是一张网，网上的每一根线都是知识，它们彼此支撑，通过节点，互相关联，让你满载而归。

同时，这种知识网，不仅能够提高你吸收知识的效率，还会深度影响你的工作、生活，以及改变你的未来。

（三）

说起读书，在我们耳边总是会出现这样一些疑问：书是不是读得越多越快就越好？是不是我只需要读一类图书就可以了呢？这样我就能很快地学习专业知识和技能并将其应用到我的工作和生活中了！

的确，随着社会的发展，社会分工越来越细，需要我们掌握的技能也变得单一。有效的分工合作，加快了社会的发展。人们在这种环境下，也渴望自己获取知识的速度变快。这样做确实可以强化自己专业的竞争力，但同时也弱化了自己对世界的理解。

读书时常会遇到这种矛盾的问题，让我们陷入纠结不知如何抉择。有时候，我们认为一个领域的知识很难攻克，或者某些知识一辈子都不可能涉猎。其实，当我们拓宽了视野，换不同的视角凝视同一个问题时，往往会"柳暗花明"。

或许很多人刚开始爱上阅读时，只是将其作为一种消遣。但请相信，只要一个人对这个世界有最起码的好奇心，他就想弄清楚几个问题：我从哪里来？我身处何地？我将通往何方？而阅读可以给你答案。

不同类型的书，可以帮我们实现不同的目的。

比如功利类书籍，能够迅速改变我们当下的处境；而经典书籍，能够帮我们看清过去与未来的趋势。

虽然随着时间的流逝和社会节奏的加快，经典书籍在历史长河中可能会变得晦暗，但它们总能不动声响地激起波澜，直到生命的真谛如同一场洪流般汹涌而来。

没错，在这本书里，我也会借着对阅读方法的解读，同你一起探索生命的意义。

（四）

在推广、普及阅读的过程中，我总结出"五段进阶法"来提升阅读能力。完成了这五个阶段的修炼，你也就练就了强大的阅读力和对不同类型图书内容的驾驭力。

第一阶段，培养兴趣。

许多年来，很多人都问过我一个同样的问题："你有没有什么可以推荐给我的书？"

他们希望通过我的回答，能够培养自己阅读的习惯。

在这种情况下，我的回答始终如一："从兴趣开始入手，顺藤摸瓜，前期不要在意图书的领域，而是要找到能让你读下去的书。"

虽然这个回答听起来有点模糊，但这的确是我的阅读方法论。

因为我自己多年来的生活离不开读书和推广阅读。当你接触足够多的书时，自然就有了辨别好坏的能力。

而在没有足够的兴趣和阅读基础的情况下，即便一些好书，比如《君主论》《佩德罗·巴拉莫》这类晦涩难懂的书，难免会令你轻易放弃。而这种放弃通常也意味着余生都很可能没有机会再捧起它们了。

因此，找到合适的方法培养起自己的阅读兴趣就显得格外重要。

第二阶段，学以致用。

没有阅读习惯的朋友，在工作或者生活中遇到问题时，往往会求助于身边的朋友或者在网上寻找答案；而有阅读习惯的朋友，更多时候是通过阅读来解决问题。因为相对来说，书籍中介绍的方法和技巧，会更加权威与真实。

这个习惯固然很好。只是在这个阶段，人们很容易陷入一个误区——希望能完整地记住书中的每一个知识点，并让它们为自己所用。

这样的初衷虽然好，但是却大大地降低了阅读的效率。

其实在学以致用的阶段，既不用刻意追求阅读速度，也不必刻意追求阅读后能记住多少细节。重要的是，你读这本书的目的是否达到了，你遇到的问题是否被解决了，以及这本书是否给你带来了感悟和思考。

第三阶段，尝试经典。

当你积累了一定的阅历时，内心一定渴望触达经典书籍。经典书籍一时读不懂很正常。抓住能理解的部分，认真品味即可；暂时读不懂的地方，不妨先放一放，继续往后读。隔一段时间从头再看，一定能洞察出新的奥秘。有时候，经典书籍是为了帮我们修炼内功，而有的经典书籍，就像是动听的音乐作品，即便你不了解它的深意，也能从中感受到美好。

第四阶段，打通知识体系。

当我们在某个领域达到一定的高度后，难免会遇到瓶颈。这时候，博采众长往往能达到意想不到的效果。我在教学员写文章时发现，学员们往往会在逻辑结构的起承转合上卡壳，这时候我就会用七律的结构进行类比，他们便能迅速地找到突破口。

同时，打通知识体系后，也能解释很多原本我们难以理解的事情。比如，在中国的历史书中，有很多内容困扰着我们。我在读春秋历史的时候，就有一个疑惑，儒家圣人们的思想不是号称"克己复礼"吗？那么他们为什么不忠君爱国，去效忠当时拥有最高权威的周天子，而是去为那些"大逆不道"的诸侯王服务呢？

这个疑问困扰了我整个大学时期。如果只看史书，没有了解儒家思想的本质，这的确是个很难解答的问题。

而在我了解了"周礼"之后，上面的问题就迎刃而解了。原来，周朝施行分封制度，那个阶段分封制的本质是：我附庸的附庸，不是我的附庸。简单点来说，就是诸侯王的门客，只需要对诸侯王效忠，而不需对周天子效忠。比如，孔子是鲁国人，所以他效忠的对象就是鲁国的君主，而不是周天子。

这样一来，对于这些圣人的行为，我们就可以理解了，他们完全是遵守礼制的。

第五阶段，构建底层价值体系。

通过不断的阅读，我们会慢慢形成自己的认识。而这些认识多了，就会形成属于自己的价值体系。它会指引我们前进的方向，并助推我们前行。

这个时候你会发现，很多以前我们认为虚无缥缈的知识、看似无用的理论，都可以被我们内化，在我们的现实生活中发挥作用。甚至是一首诗、一句名言，都可以成为我们为人处世的指向标。

然而，即便我们已经通过阅读打通了知识脉络，也千万不要自鸣得意。请记住一句话，读万卷书，行万里路。

并非所有真理都蕴藏在书本里，我们要冲破阅读的壁垒，既要构成一套属于自己的价值判断的底层逻辑，又要体会人情冷暖，适应世间的风云变幻，认真地体会"人生"这本无字书。

在普及阅读的过程中，也有读者问过我："你觉得阅读对你来说，有什么样的意义？"

我的回答始终如一："概括来说，人有两种追求，一种是物质追求，一种是精神追求，但能同时满足这两种追求的事情并不多，阅读和写作恰好是其中的选项。随着阅读的书越来越多，我对这个世界中所有未知的一切，就越来越感到好奇。这种好奇心带我找到了自己生命的意义。"

这个时候，书友会问我："那你生命的意义是什么呢？"

我化用有书创始人兼 CEO 雷文涛先生的一句话回答："我生命的意义，就是希望通过阅读和写作，帮助更多的人找到他生命的意义。"

2020 年 5 月 8 日于北京

李炯炎

目 录

第 2 章　学以致用

第 5 章　构建底层价值体系

结　语

第1章
培养兴趣

为什么我们总是无法坚持阅读

一个偶然的启发

2014 年 8 月 17 日，是一个让我印象深刻的日子。那天下午，我坐在一家咖啡馆里等朋友。

无聊之余，我被两个男生的谈话所吸引。

男生甲："你为什么刚开始就让他学最难的一个呀，这下好了，每次都用这个，把我们坑惨了！"

男生乙："可是这个，如果他能学会，就很厉害呀，而且这个是必须学的一个。"

男生甲："必须会，也不是现在就要学呀。你得让他先喜欢，他才会继续尝试，而不是一开始就让他有挫败感。"

当时的我经常向朋友们推荐书籍，也自诩为"阅读推广人"。然而我的目标是，普及历史长河中的经典内容，让它们被更多的人了解。我认为，只有阅读经典内容，才能感受到文学的魅力。可效果并不理想，没有多少人买我的账。

当听到那两个男生的对话时，我被触动了，犹如醍醐灌顶。很多经典的文学作品是有一定门槛的，如果给一些阅读基础并不牢固的读者强行灌入经典内容，他们的内心难免因为畏难而产生一些抵触情绪。

我不由得对男生甲产生了敬意与好奇。我竖起耳朵，想听听他接下来还会讲一些什么富有哲理的话。

男生甲接着郑重其事地说道："你应该先教他容易上手的英雄，有了成就感他才会玩下去。"

原来，他俩在讨论一款游戏的玩法。不过无论如何，那天下午的谈话给我的启迪，对我来说意义非凡。也正是从那天开始，我逐渐寻找到了日后行动的方向。

而在此之前，每当有朋友问我："炯炎，你读了这么多书，能否给我推荐两本好书？"

听到这里，我心中的使命感就会膨胀起来，庄重地向他们介绍我心目中的"神书"，比如《百年孤独》《战争与和平》。并告诉他们这些书中精彩的剧情和框架，以及读完这些书以后，他们能收获的诸多好处。

他们往往满心欢喜地说："这的确是一本好书，我回家后立刻就看。"

可是结果呢？在我收到的反馈中，基本上没有一个人看完我曾经推荐的那些书，甚至连书封都没有打开过。

那个时候，我很纳闷，倒不是觉得被辜负了，而是因为在他们当中，不乏精英人士，在事业上都很成功。

既然事业上这么成功，应该代表着他们的执行力很高，那在他们想要阅读的时候，执行力为什么会变得这么低呢？

于是，我很认真地做了一次调研，询问他们没有读完的原因。

大概有以下两种情况：

一些朋友仅仅翻了几页，甚至连书都没买。这时候他们所说的"渴望阅读"，其实只是"三分钟热度"。对他们而言，阅读可有可无。一旦有任何借口，就可以将读书弃之一旁。他们对热爱的事情执行力很高，但对于读书，执行力就变得很低。

我有一个很喜欢的时间管理方面的作家——小强老师，他在《小强升职记》中曾经提出一个公式，我把它改写了一下：执行力 = 自律 × （痛苦 + 热情）。

也就是说，你做一件事情时，执行力之所以很低，并非完全因为你不自律，更多的原因是你既不舍得经历痛苦，也没有足够的热情。

就好比我的这一类朋友，他们的自律能力很强，假设我给他们打 100 分。可阅读既不会给他们带来热情，不阅读也不会影响他们的生活，或者说不会给他们带来痛苦。所以痛苦和热情的分数为 0。

100 × 0，当然也就等于 0。所以，一旦有任何的干扰，阅读这件事情，就会被他们抛弃。

还有一些朋友，虽然他们几乎每天都会阅读。但是不仅进度慢，而且看了后一页，就忘了前面的内容。

当我问他们是在什么时间进行阅读的，他们几乎异口同声地回答：临睡前。

你可以试想一下，当你洗漱完毕，在昏暗的灯光下阅读那些内容略显晦涩的经典书籍，会导致什么样的结果呢？

对，没错。就是不一会儿就呼呼大睡了。

阅读从来不应该是一件 "反人性" 的事情

为什么推荐别人读书会这么难？这个疑惑一直到那天，我听完两个男生的谈话后，才在心中有了答案。

原来，我们这些所谓"阅读推广者"，与一些强迫自己阅读的人，都做了"反人性"的事。

我们只是站在了自己的角度，把我们自认为的好书，一股脑地强塞给了别人。根本没有考虑对方的阅读基础，以及这本书能不能提起他阅读的兴趣。

这就好比，把滚烫的铁水，强行灌入脆弱的玻璃模具，并期待它成型。结局可想而知，当然是玻璃模具炸裂了。

促进阅读的动机

其实，我们每个人在做任何事情的时候，背后都有内部和外部两个驱动力，也就是动机。

阅读也同样如此，一旦我们没有找到合适的动机，那么我们阅读的状态将很难持续下去。

我们阅读的动机会有哪些呢？

无外乎以下四个维度：

第一，消遣；

第二，学以致用；

第三，精神享受；

第四，好奇心。

请你注意一下我的用词，是四个维度而不是四个层级，说明这四个维度互不冲突。我们启动不同的阅读动机，就可以呈现不同的状态，来完成不同类型的阅读行为。这是什么意思呢？我们来逐一地进行解释。

第一个动机：消遣。

在启动这个维度的动机时，阅读对我们来说，就意味着消磨时光，与打游戏、看电影没有什么本质上的区别。

说到底，这时候阅读的目的，就是为了让我们爽。

在这个维度的动机下选书时，我们就可以感性地去选。

我们经常可以看到，或者有类似的经历，在看网络小说或者是今日头条的时候，本来想着看一个小时就睡觉，结果却停不下来。

再比如，坐飞机时大家阅读书籍的概率比坐地铁、坐火车时高得多，这是为什么呢？因为在飞机上手机是没有信号的！

有些书友可能会认为要是抱着这样的目的阅读，估计读的更多的是网络小说，内容肯定没有什么价值，因此也学不到什么知识。

其实并不见得，消遣式地阅读网络小说，一方面，在紧张工作之余，可以放松自己的心情；另一方面，有一些网络小说虽然冗长且情节夸张，但是却能令你脑洞大开，甚至里面蕴含了生活、工作之道，能够给你带来帮助，实现寓教于乐的目的。

比如大学时我读过一本网络小说，讲的是小说的主角穿越回三国成为曹操改变历史的故事。里面有一段曹操和郭嘉的对话，引发了我对儒家文化的兴趣。

曹操："皇帝，只是站在权力顶峰的一个人而已，你能告诉我皇帝的权力是谁赋予的吗！"

郭嘉茫然地摇了摇头，说道："嘉不知！"他虽然讨厌礼法，憎恶腐朽的汉室，但是皇权的由来这个问题他从来没有想过！

曹操："天子授命于天，君权神授，这就是当年董仲舒所提出的说法！武皇帝抬高儒家无非是为了让他们刘家子孙能够千秋万代罢了！现在的儒家早已经不是孔老夫子传播的儒家了，变成了'汉儒'。"

从那时候开始，我就开始琢磨儒家文化的变迁，然后发现了很多以前在我认知之外的知识，从而也消除了很多我对儒家的误解。

第二个动机：学以致用。

阅读的第二个动机就是学以致用。比如看考试方面的教材、工具书，现在也有很多的畅销书的标题，就是告诉人们，学完了这本书，你能够得到什么实际的收获。

我叔叔平时不怎么喜欢读书，有一天，我去他办公室，发现他的桌子上有几本关于区块链方面的书籍。

我问他："您为什么突然对读书感兴趣了，还是读区块链方面的图书？"

他回答说："哎，这不是被逼的吗？这段时间公司要研发区块链的'分布式账本'技术，来进行数据加密工作，而我对区块链一窍不通，所以就找些书来恶补一下。"

其实，学以致用的阅读动机，是日常生活中最常见的。

比如我刚进入新媒体行业的时候，微信公众号作者发布文章的阅读量普遍不高，可是在 2017 年年底的时候，文章的阅读量激增。

原因是当时各大平台开始与微信公众号的作者约书评，书评有丰厚的稿酬，因此为了更好地写书评，自然也就有了阅读的动力。

总之，这个动机用一个词就能概括，就是"功利"——想获得切实的利益或者想让自己变得更好。

第三个动机：精神享受。

我不知道你有没有这样一种体验——你在阅读一些比较优美的文学作品时，哪怕在读完后，没有特别大的实际收获，内心也可以获得极大的满足感。

就好像听了一首你十分喜欢的音乐，你甚至迫不及待地想把歌词抄写下来，或者发一条朋友圈。因为单凭其优美的文字，就能够给你带来很大的愉悦感。

比如李商隐的一首诗《锦瑟》：

锦瑟无端五十弦，一弦一柱思华年。

庄生晓梦迷蝴蝶，望帝春心托杜鹃。

沧海月明珠有泪，蓝田日暖玉生烟。

此情可待成追忆，只是当时已惘然。

相信很多读者都不知道这首诗想要表达的意思，其实别说普通读者了，就连专门研究李商隐诗词的学者，都是靠猜和旁证，才通晓这首诗的。然而这并不能影响我们对这首诗表达出的美感的喜爱。

其实文学在发展的初期，其中一项功能的确是配合音乐。比如《诗经》《楚辞》，就是配合乐器被吟唱出来的。

在精神享受这种动机下读书，就不用刻意追求阅读速度，只要能体验到阅读带给你的快乐就好。

我想这就是，为什么在这个时代，已经有很多的知识通过音频和视频来传播，但是实体书还有存在价值的原因——书本既有物质上的实在感，又可以控制住我们的节奏，让我们随时停下来享受。

第四个动机，好奇心。

有一次朋友之间交流的时候，我问朋友"你为什么喜欢读书?"他回答了我一句:"为了活得明白。"

的确,只要一个人对这个世界抱有最起码的好奇心,就想弄清楚几个问题:我从哪里来?我身处何地?我将通往何方?

在这个动机下的阅读,就不单单是阅读了,而是在心中充满对这个世界好奇的牵引下,坚持探索,对自己最好奇的领域进行深耕。也许在刚开始的时候,这个过程很困难,但是每当你解开一个谜团,你所获得的兴奋感,是无法用言语表达的。

威尔·杜兰特在《哲学的故事》中拿斯宾诺莎的书籍举例:

斯宾诺莎的书不是拿来读的,而应当用来研究;你必须像对待欧几里得一样对待他,认识到就在这短短的两百页文字中,一个人书写了他毕生的思考,并像雕塑家一样,剔尽了繁文末节。匆匆读过一遍之人休想了解其中深意……不要一口气读完全书,你应当分多次阅读,且每次读一小段。读完以后,告诉自己,这仅仅是理解全书的开端。接下来你应该读些评论,譬如波洛克的《斯宾诺莎》或马蒂诺的《斯宾诺莎研究》,又或者两者都读。最后,再读一遍《伦理学》,你会发现它像一本新书摊在你面前。如此,你将永远爱上哲学。

同样，你在研究其他领域时，也应该找到一种能够让你爱上它的方式。

以上就是关于阅读的四个动机的阐述。我们在调动不同的心理动机时，将会出现不同的效果。

那我们能不能合理地调动这四个阅读的动机，来提高我们的阅读效率呢？答案是肯定的。

消遣

在消遣方面，就是在你经常会发呆的地方，比如床头、办公桌旁，放上一本自己感兴趣的书籍。我个人推荐故事类的书籍，比如侦探小说：推理女王克里斯蒂的《东方快车谋杀案》，情感类小说：维多利亚的《岛》、麦卡洛的《荆棘鸟》，解密类小说：丹·布朗的《天使与魔鬼》《数字城堡》，都是既好看又能让自己有所收获的书。

如果你之前没有养成阅读的习惯，推荐你读一些短篇小说，比如《契诃夫短篇小说选》《爵士时代的故事》《我愿为你而死》，这些短篇小说是由很多篇"小故事"组成，每个故事大约几千字，能够很快读完。这样你既不用纠结破坏阅读的完整性，又能很快得到阅读体验。

总之，把书放在一个你随时可能出现的地方，能够大大地提升你捧起书阅读的概率。

学以致用

在学以致用方面，你需要在阅读之前，先规划好自己的问题和目的，有计划地去查阅书籍。

比如说，你想通过阅读书籍来提升自己的演讲能力，那么你就应该先把阅读的时间节点规划好，然后选好书籍。

另外我特别建议，想要提升表达能力的书友，可以撰写一些相关的文章。比如你看完了《演讲的力量》，就可以写一篇名为《如何用10分钟准备一个演讲的大纲》的文章，用简短的几百字概括并写下来即可。

这样即使不能给你带来经济方面的收益，也能在你的文章产生一定阅读量时让你获得自重感。在你的文字和观点被大家认可的时候，你的内心会产生巨大的满足感。

精神享受

精神享受这一点听起来离自己很遥远。

其实它很好被调动，举个例子，你在朋友圈发照片的时候，有时没想好配什么文案，此时不妨使用一个来自书籍上的金句。这样既可以让你获得满足感，又能在不断翻阅书籍的促进下，让你对这本书产生兴趣。

另外，你在看电影的时候，如果发现一些电影是由名著改编的，而自己又很喜欢这个电影，不妨也看看相关图书，也许它能给你带来更大的愉悦感，比如菲茨杰拉德的小说《了不起的盖茨比》《本杰明·巴顿奇事》都有电影版。

好奇心

我们可以把好奇心理解为求知欲，也可以理解为探索欲望。其实这也是人的本能，每个人都对未知的东西感到好奇。

比如说，听到某个八卦新闻的时候，无论自己喜不喜欢，我们的第一反应就是好奇。

这种好奇心既可以在无意中获得，也可以通过刻意练习获得。为什么好奇心这种动机对人们这么重要呢？

对于我们的祖先来说，知道得越多越有利。比如，当你感到饥饿了，就需要知道如何打猎；当你口渴了，就需要知道怎么寻找水源；当你感到寒冷了，就需要知道如何制作御寒衣物……这些知识如果等到需要时再学习，恐怕就为时已晚了，所以我们的祖先会在平时就开始大量学习各种知识。这些知识中很大一部分并不是立马就能用上，那么是什么推动我们的祖先进行学习的呢？就是好奇心。

那些好奇心越强烈的祖先，获得的知识就会越多，他们存活下去的概率就会越大。

好奇心源自我们体内的一种化学物质——多巴胺，多巴胺多在人们感到愉悦时产生。科学研究表明，那些激起我们好奇心的问题可以刺激大脑的尾状核，尾状核里密布着分泌多巴胺的神经元。

可见，我们的大脑将好奇心与我们最基本的愉悦感联系在了一起，推动我们产生好奇心。

1. 好奇心与生俱来

好奇心是与生俱来的，比如有孩子的读者，应该没少为"熊孩子"的行为感到头疼：妈妈正在织的毛衣，他盯着瞧了半天，拽着毛线球就拆开想一探究竟；或者把家里的闹钟、电话等一切能拆的东西都拆得七零八落。

通常，孩子们这些好奇的行为，没有什么道理可言，只是受新事物的吸引，为了满足自己一探究竟的好奇心才去做的。这个其实就是"消遣性好奇"，它驱使着孩子们对自己不了解的事物进行探索。

另外，消遣性好奇不遵从任何特定的程序或者方法，注意力很容易就会从一个新鲜事物转移到另一个新鲜事物上。

虽然好奇心是与生俱来的，但是其十分脆弱，当孩子稍微受到打击的时候，这种好奇心很可能就会消失。

要想保持好奇心，并且从消遣性好奇过渡到认知型好奇，就需要从儿童阶段抓起。

但是儿童的好奇心很脆弱，他们必须依靠父母、家庭的支持才能保持好奇心。因此，父母和家庭对一个人好奇心的影响是至关重要的。

倘若这个阶段的好奇心能够受到很好的保护，那么儿童在成年以后就可以很好地过渡到下一个阶段——认知型好奇。它不满足于追求新鲜事物的刺激，而是侧重对一个事物的深入理解和探究。它是给人们带来成功或者收益的有效特质。

2. 好奇心衰落的原因

好奇心如此重要，但是我们现在经常会发现一个现象，就是成年人的好奇心会慢慢丧失。这是为什么呢？

其实无非以下几个原因：

第一，曾被父母过度打击。

小孩子总喜欢问父母很多问题，有的父母愿意耐心解答，而有的父母则会表现得不耐烦。前者可以培养孩子对任何事物都抱有好奇心的精神，而后者就会让孩子认为问"为什么"是一件会惹人生气的事，渐渐地，孩子的好奇心就会消退。

同时，我们要意识到，家庭的经济实力、父母的教育水平都会对孩子的好奇心产生影响。很多父母虽然希望培养孩子的好奇心，但由于经济能力较弱，他们需要养家糊口，就没有办法花较长时间与孩子相处。同时，父母接受的教育水平不高，就无法解答孩子的疑惑，也不知道如何引导孩子自己寻找答案，这就导致孩子的好奇心减弱。

第二，生活节奏加快。

现在生活节奏越来越快，不仅仅是成年人，就连孩子都没有太多的时间来验证自己的好奇心。

以前，学业和工作相对轻松。农村的孩子下课后可以去摸鱼，城市的孩子可以和同伴一起打弹子。

现在几乎每个人的工作和学业都有些超负荷，一天下来就想放松一下，根本没有动力去验证自己的好奇心。

所以，偶尔抽出时间来，放松一下，让自己来观察这个世界，也可以唤醒自己的好奇心。

第三，社会分工单一化。

我们之前也讲过，社会发展要求分工变细，需要掌握的技能也变得单一。提升专业技能才能提高我们的竞争力，但也因此弱化了我们对世界的理解和好奇。

第四，过度自信。

过度自信的人总认为自己上知天文，下知地理，好像没他不了解的。这样的人自认为手里掌握着世界的全部，自然不可能怀有好奇心去探索自己知识上的空白区。

在阅读时，一定要想办法激发自己的好奇心。

比如我很喜欢读《达·芬奇密码》，我在阅读的时候，就被书中的情节所吸引，其中蕴含的哲学、密码学、宗教学也引发了我强烈的兴趣。读完这本书后，我就开始搜索此类型的入门书籍。

你还可以利用一张纸，先想好一个领域的问题，把自己不知道的问题全部写下来，然后去选择相关的图书阅读。

比如我的学员给我贴过一个"历史通"的标签，市面上每出现一本口碑不错的历史书，都会很快进入我的购物车。因此在很多时候，我反而不知道有哪些历史书可以读了。

这个时候，我往往会在脑海里把每一个朝代的线索捋一遍，想想哪个朝代的事情我不太清楚，或者哪个历史上的细节我想不明白。然后把问题全部写在纸上，列出自己的知识盲区，进行查缺补漏。

有一本名为《好奇心》的书，为我们提供了一套能让我们保持好奇心的建议：

第一，空杯心态。我们前面提到过，使好奇心减弱的一种情况就是太过自信，这样的人认为自己什么都知道，不会对身边事物产生好奇，也就不会认真接受别人的建议。

如果你刚开始觉得接受别人的想法对你来说是一件痛苦的事情，你不妨先做第一步——保持聆听。当你聆听足够多的内容时，你或多或少可以从中找到对你有帮助的内容。故而我们要保持一种谦逊的态度，对周围的人和事物时刻保持好奇心。

第二，建造数据库。我们的认知就像一个圆圈，圆圈的周长越长，圆圈边缘与外界的接触面积就会越大，这就使得我们愈发知道自己的不足之处。

建造数据库就是为了扩大自己认知圆圈的周长，帮助我们认识到自身的不足，保持好奇心。

第三，像"狐猬"一样觅食，用"狐猬"策略来搜索知识。狐是狐狸的狐，猬是刺猬的猬。

狐狸狡猾，躲避敌人的方式很多，富有创造力。而刺猬比较实在，虽然只有一种方式，就是使自己蜷起来，却简单有效。

所以想要成功，不仅要像刺猬一样精通一两个方面的专业知识，还要像狐狸一样能从不同角度来"觅食"。

比如我们熟悉的达尔文就是这样的人，他在生物学领域有长期的研究，同时又大量涉猎了其他学科的知识，特别是他受到经济学的影响，提出了进化论。

第四，询问关键的"为什么"。现在很多人只注重研究表象，而忽视表象背后的深层意义。比如，你突然感觉到寒冷，就去添加衣服，却忽略了冷是因为窗户没关。

我们在看待某个事物时，一定要记得询问关键的"为什么"，找到核心问题。

第五，做一个"思想工匠"。如今是一个快速阅读的时代，我们可以浏览互联网上的标题，对信息进行过滤和筛选，截取要点而不需要阅读细节。

这其实是一种错误的做法。就好像一个人告诉你"1 + 1 = 2"，你只知道了答案，却不知道计算过程，这对你是毫无意义的。

第六，质疑你的茶匙。塞缪尔·约翰逊说过一句话："研究一些小事物是能让我们领略到烦恼散去而无限快乐的伟大艺术。"魔鬼藏在细节里，很多人喜欢追求大而宽泛的问题，比如宇宙的起源、人类的诞生、世界何时会消亡等，结果研究了半天，什么都没研究出来，浪费了时间和精力，还没有收获。其实，一些令世界瞩目的发现都是从对细节的好奇开始的。就像牛顿从苹果中看到了万有引力定律，阿基米德在浴缸里找到浮力定律，瓦特由蒸汽想到了蒸汽机……这些都是从细节中迸发的思想火花。

你可以从身边的细节着手，选择去了解细节。一旦我们去了解周围的事物，并且对它们产生了好奇，我们其实就是选择了一条让自己永远不会感到厌倦的路。

第七，将谜题变为奥秘。我们要先讲明何为"谜题"，何为"奥秘"。谜题是有序的，它们有起点，也有终点，一旦问题的答案被找到，谜题也就不复存在；奥秘是模糊的，往往没有直接答案。

打个比方，一些悬疑小说，无论情节如何扑朔迷离，总会有真相大白的时刻，当读者知道真相时，也就不会对这个故事感兴趣了；而有的文学作品却喜欢设置一个开放式的结局，比如《了不起的盖茨比》，你会猜测男主人公盖茨比究竟是个怎样的人？是好人还是坏人？其中有一个细节是，作品中一直不厌其烦地描绘男主人公家对面的那道绿光的用意是什么？

谜题一旦被解开，就意味着终止，而奥秘需要我们永无休止地去探索，要想保持一颗永不会被磨灭的好奇心，就要去寻找问题背后的奥秘而非谜题。

当我们遇到任何形式的谜题时，都应该提醒自己去发现背后的奥秘所在，因为谜题总有被解开的时候，而奥秘能陪伴我们到永远。

另外在提升自身能力方面，我们不妨多一点完美主义。在你认为自己没有什么要学习的时候，审视一下自身能力项有没有什么可以补足的地方。

如果你是文科生，现在在做文字工作，则想想能不能补充一点理科思维的知识；如果你是一个文案策划，则想想能不能学习一点基础设计理念。

联想控股原总裁朱立南曾经说过："在确立自己的学习动机时，要先正确地认识自身缺少什么东西，这样才能有学习的动力，否则你认为自己很完美、很全面，似乎只要把自己的能力有限地发挥出来就能达成目标的话，那么你就不用学习了。"

因此，只要我们去反思，几乎就不会存在"书荒"的可能。

扫清打扰你阅读的障碍

消除对未读书籍的愧疚感

相信很多书友都会存在这样的一个问题——买书很多，看书很少，甚至很多书连塑封都没有被拆开。于是他们就自嘲"买书如山倒，读书如抽丝"。

那么，这是一种毛病吗？

举办线下读书会时，我经常会问书友这样的问题，他们的回答都是肯定的。我补充道："你面对着那些还没有被读完的书，会不会有愧疚感？"

基本上每一次，都会有很多书友举手，表示看到那些没有读完的书，就感觉自己太不应该了。然而，之后看见想买的书，依然忍不住购买。

为什么我们会有这样的心理？这样的毛病是不是必须得改正呢？

其实，问题的原因，并非大多数人想象的那样，而是因为你对书籍的敬畏之心太重了！你将它们放上了神龛，导致你和它们的距离愈发遥远。

我打个比方，你就明白了，如果你是女孩那就更容易理解了。

很多女孩喜欢买各种品牌、各种色号的口红，或者各式各样的包。很多东西只用一两次就不用了。但是她们却很开心，没有丝毫的内疚感。这是为什么呢？

因为这些东西只是让她们变得更美或者是值得炫耀的工具，跟她们的距离十分近。

就像在人际交往中，一个人一旦在你心中地位过于高大了，你在和他交流的时候就会小心翼翼，甚至躲着他。

如果你对书籍的愧疚感持续得太久，就很容易产生另外一种心理，即对自己意志力的否定——认为自己在阅读方面无法坚持。

其实健身的障碍和阅读的障碍是十分相似的。能坚持健身的人，要么是有着强大的动机，要么是已经将健身当成自己的生活习惯，觉得健身之后很爽。

办了健身卡后，第一次不去健身的时候，会感到很内疚，而一旦连续几天不去后，这种愧疚感就会立马消失。之后的感觉要么就是"算了反正我也不那么需要健身"，或者自我否定地说"看来我没有毅力"。

这样就形成了一个恶行循环——"我不能坚持运动，证明了我没有意志力；也正是因为我没有意志力，所以我无法坚持"。

日本小说家、翻译家村上春树也遇见过类似的事情，他要翻译一本自己心中觉得神圣的书——《了不起的盖茨比》。

他曾经说过，如果让他列举目前他遇到的最重要的三本书，他会不假思索地回答，排行第一的就是《了不起的盖茨比》。翻译它成了村上春树翻译生涯的终极目标，他认为自己也是因此才走上翻译这条路的。

他曾经在 35 岁的时候夸下了海口，要在 60 岁时才能翻译它，在此之前，他就想将这本书小心翼翼地搁在神龛上，时不时地看上几眼来以此度过他的人生。

定在 60 岁翻译，是出于他的三个考虑，一是他预计自己在 60 岁的时候翻译水平会有所长进，《了不起的盖茨比》对他来说是一部非常重要的作品，他不想因为没有尽善尽美而为自己留下遗憾；二是《了不起的盖茨比》在日本已经有了好几个译本，他没有必要在没有准备充分时就去翻译这部作品；三是他认为，翻译这么重要的文学作品一定要到一定的年龄，才有底气能够不慌不忙地享受这份工作。

　　在业界认为村上春树早已经有翻译这部作品的能力时，但是由于他自己的敬畏之心太重，导致他不愿意翻译这部作品。

　　直到有一天，他想比原计划早几年开始着手准备，想着自己每天抽空做一点点准备就好了。然而，这个过程就像大人告诉过的小孩不能提前打开圣诞礼物一样，一发不可收拾。

　　他很快就翻译完了这部作品。而在这个时候，他发现自己打破了自己的敬畏之心，僭越了这本心中的神书，也没有带来不好的效果，反而让他自己的内心充满了自信。

　　同样的道理，如果你对书籍的敬畏之心太重，也会因为没有看完它们而产生愧疚的感觉，也就很难融进书本里了。

　　既然我们找到了问题所在，那我们应该怎么做呢？其实很简单。

　　第一，放下对书籍的愧疚感，把它看成一个可以被利用的工具。

　　罗辑思维的创始人罗振宇曾经说过关于读书的看法，用在这里特别合适：读书就是跨越时间和空间，与不同的"牛人"进行交流，把他们的知识变成我们的见识。那些"牛人"的图书都摆放在我的书架上，只要我想了解就可以随意翻阅，在我的思想世界，我才是自己的王者。

所以，要融入书籍的第一步就是放下对书籍的敬畏感，将它看成是一个可以让你向上生长的工具。

喜欢阅读并非是一种与生俱来的天赋，说到底是一个人从书籍中认知世界的偏好。

就算不看书，我们也是每天都在阅读。从朋友那里听来的一些话，与别人的交流，刷朋友圈、刷微博，甚至看电视剧，玩游戏，都是广义的阅读。

那你有没有听说过，谁不刷微博、不玩游戏就会愧疚的呢？

第二，合理调用四个阅读的动机，降低你进入深度阅读状态的难度。

当你放下对阅读的愧疚感后，可以调用这四个阅读的动机，来让自己进入深度阅读状态，并且得到相应的收获。

我从 2019 年到 2020 年每天大约会读完 1～2 本书，其中在上下班的途中，来回大约一个半小时，我会选择科普类的书籍阅读，或者听书。路上不能保持专心，同时也要思考工作上的事情，很容易被打断，而阅读科普类书籍并不需要那么连贯，就算暂时停下，也不会对吸收书本的知识造成什么样的影响。

比如我听朋友提过费马大定理的故事，就对这个故事产生了浓厚的兴趣，然后找了一本书，就叫《费马大定理》，很薄，大约 4 万字，里面就是一节节串联起的历史故事。虽然是碎片化的阅读，纯粹是为了打发时间，但是这本书给我带来了不少启发。

这本书从费马刚刚提出费马大定理假说作为故事的开始，期间历代数学家，甚至非专业人士都在不断努力为证明这个假说添砖加瓦，一直到 1995 年被安德鲁·怀尔斯证明。

虽然故事很简短，但是在其中我们至少能看清以下道理：

第一点，很多我们认为伟大的发明、伟大的成就，并非某个天才灵光一现，而是无数的前人耗费了心血，不断地为后来的证明者铺开了基础的道路。虽然最后站在塔尖的是某一个人，但真正应该骄傲的是整个"科学共同体"。

第二点，科学被证明，并非简单地拿出证明结论就够了，还需要经过"科学共同体"的验证，虽然这个过程十分漫长，有些人在 20 年前已经研究出的成果，但在 20 年之后才得到该拥有的荣誉。很多人都说这是社会的不公平，其实这恰恰是社会公平的地方，一个没有经过严密验证的科学结论，不能被称为定理。牛顿如此，达尔文如此，爱因斯坦也是如此。

第三点，有时候打败行业巨头的，并非是行业的老二，很有可能是一位跨界打劫者，就费马大定理而言，有很多研究别的方向的专家，为证明费马大定理，奠定了重要的基石。

同时，这本书还调用了我其他的阅读动机——精神享受。比如这样一句很经典的名言，描写的是费马留下费马大定理时的那一幕场景："他怎知，落笔处，抒写的便是永恒……"

我的工作内容之一，就是找到好书，然后推荐给读者。

在办公室时，由于办公环境比较嘈杂，所以我会读一些概念性的内容。我更倾向于选择学以致用的书籍，有目的地去阅读。

我有一套工具方法类书籍的速读技巧，在后面的章节中会跟大家讲到。一本 10 万字左右的书，我大约只需要 60 分钟就能读完，并吸收其中的精髓。

午休之后，我的精力最为充沛，我会读一读如 T. S. 艾略特的诗歌之类的内容，这会给我带来极大的精神享受。

最后，在夜深人静的时候，我会调动自己对世界的好奇心，来研究我渴望知晓的领域。一方面是因为这一类书籍有一定的难度，比如国学、哲学、历史。另外一方面，我需要在汲取其中的养分之后，再进行系统的思考，将它们内化为自己的知识体系。

如此，我每天合理地调用阅读的动机，让阅读达到最高效的状态。

当然，每个人所处的生活和工作环境不同，因此每个人应该根据自己的节奏，来为自己的阅读找到最佳的状态。

小练习

你可以根据下表，根据四个维度的阅读动机，列出你的阅读计划，不断实践并记录下来。

动机	书籍	阅读的场景	阅读开始到结束的日期
消遣			
学以致用			
精神享受			
好奇心			

如何从培养兴趣开始，
挑选一本适合自己的启蒙书

在我们的一生中，时刻都在学习。说到底，从认知科学的角度来说，学习方式共分为三种：亲身感知、逻辑推知和他人告知。

所谓亲身感知，比如婴儿的姗姗学步，需要他自己一步一步地去实践才能学会。虽然当今社会获取知识的途径越来越多，但很多时候没有亲身感知，是很难真正领悟的，比较有代表性的就是旅行。

逻辑推知是人类新知的来源，但是难度太大，比如牛顿发现万有引力、爱因斯坦提出相对论，很少有人能做到。

如果所有的事情都要靠亲身感知，那么学习的速度也会较慢。他人告知是最常见的学习方式，比如上学、读书、听讲座，以及听他人讲课，都属于他人告知的方式。而阅读，因为其性价比特别高，最多只用几十元钱就能获取一个作家一生总结的精髓，因而成为这个时代最划算的学习方式。

随着书籍出版的数量越来越多，如何挑选一本好书，倒成为我们的一个难题。

有很多人因为这个问题而受到了困扰，我经常会在网上看到很多人求助阅读达人推荐一些适合自己的书单。

之前听人说过，可以对自己的阅读能力进行评测，然后根据评测结果来选书。对于这种方法，我也尝试过一段时间，但感觉并不是太科学。

阅读评测的维度无外乎以下几种：年龄、兴趣、阅读量、学科……对这些表面上的东西进行分析无非有两种结果，一种是摆明哪类图书适合你，这种评测还算有点良心，至少告诉你可以从哪类书入手。

另外一种则直接给你一个评测结果，告诉你哪几本书最适合你读。这种评测要么就是随机从资源库中推荐，要么就是这个测试本来就是一场营销活动，给你匹配到需要被营销的书。

这种评测固然帮你摆脱了选书的纠结，但不科学的匹配方式仅仅能缓解一时之痛，却无法真正为推荐适合的书。

就算是推荐了某一类书，也会让人陷入误区，我们经常会看到一些朋友只读一类书，比如小说类或者工具方法类的书籍。虽然这不失为培养阅读兴趣的一个方法，但这样不仅会让自己的知识面越来越窄，也会让自己的阅读过程变得越来越乏味，还会让自己钻入牛角尖。

那我们该如何选书，才能找到适合自己的书呢？其实有很多不错的选书方法，归纳起来可以分为以下四种。

先锁定范围

当你不知道自己读什么的时候，可以先锁定范围。明确自己的目的、领域以及阅读阶段。我根据阅读阶段和领域给大家列出了推荐书单。

领域 / 阶段	历史	小说	自我管理	心理学
入门	《中国通史》《极简中国史》《大明王朝的七张面孔》	《平凡的世界》《傲慢与偏见》	《刻意练习》	《为何家会伤人》《感谢自己的不完美》

（续）

阶段＼领域	历史	小说	自我管理	心理学
进阶	《万历十五年》	《了不起的盖茨比》《霍乱时期的爱情》	《高效能人士的七个习惯》	《少有人走的路》《活出生命的意义》
中级	《人类简史》	《百年孤独》	《卓有成效的管理者》	《梦的解析》

总体来说，在入门阶段，趣味性和易读性往往更容易让读者培养阅读的习惯，因此可选择那些故事性强、易理解的书籍。

有时候，我们之所以不愿意开始阅读，是很害怕自己读了一本坏书。

其实看看坏书又何妨，可以看看它们到底如何坏。若是一本很畅销的坏书，我们不妨看看它是如何既坏又被人追捧的，书里边可能藏着耐人寻味的内容。看得多了，我们自然就有了辨别力。

甚至，有时候一些不好的书同样能引发我们的思考。

选择喜欢的作者的其他书籍，或者他推荐过的书

当我们发现一本自己特别喜欢并且对自己的认知有较

大提升的书时，就可以顺着本书深挖相关的书籍。

记住，哪怕是一位一流作家的三流作品，都有可能比一些三流作家的一流作品好！

比如上文的书单列表里，有一本张宏杰先生的《大明王朝的七张面孔》，这是一本十分好读且能给我们带来不少认知和收获的通俗历史读物。

如果你喜欢上了这本书，不妨去看看他其他的作品，比如《曾国藩的正面与侧面》《饥饿的盛世》等。

另外张宏杰先生在他的《大明王朝的七张面孔》这本书的前言中极力地推崇黄仁宇先生，而《万历十五年》这本书又是黄仁宇先生的成名之作，因此也可以将《万历十五年》这本书列入你的读书计划。

在阅读的过程中，我们有时候可能会遇到一些在目前阶段难以理解的好书。

说下我的经历，我最喜欢的两个外国作家是马尔克斯和菲茨杰拉德，而我最先喜欢上的是马尔克斯。说到马尔克斯，你可能想到了《百年孤独》，说实话，在我 2008 年第一次看《百年孤独》的时候，我是真不喜欢这本书。

因为我那时候在上高中，阅读等各方面的能力确实有限，使我最初读不下去《百年孤独》的主要原因，就是对拉美文化的不了解。要知道，我们认为的"天书"，在哥伦比亚可是人手一本的畅销书。

大约在 2011 年 6 月，中国引进了马尔克斯图书的版权，那时候中国掀起了一阵马尔克斯热以及魔幻现实主义的阅读热潮。但是那时候吸引我的却不是魔幻现实主义，而是《霍乱时期的爱情》，我被里面的情节所打动，一发不可收拾地看完了马尔克斯除了《百年孤独》外的所有作品。最后，我再次怀着敬意和尝试之心，阅读了《百年孤独》。

在那之后，我在马尔克斯的传记中得知，他写出《百年孤独》的灵感来自于胡安·鲁尔福，而胡安·鲁尔福最著名的两本书是《佩德罗·巴拉莫》以及《燃烧的原野》。偶像推崇的偶像，一般来说基本上没有错。

你也可以先看看马尔克斯的传记或者采访类的书籍《番石榴飘香》《活着为了讲述》，了解他创作《百年孤独》的时代背景，以及他构思这本书的点点滴滴，如此一来也能帮你降低阅读《百年孤独》的难度。

主题阅读

我们知道，有时候对于特定的问题，绝不是一本书就能解决的。因此我们要选择多本书来进行主题式阅读。但有时候，我们归纳主题的时候，往往显得比较笼统。

比如，《飘》和《战争与和平》都是关于战争的伟大小说，但它们的相似之处仅限于此。如果你想了解更多有关战争方面的事情，只阅读它们，显然会偏离初衷。

这时候你在制定主题时，就应该更加精确。

比如，如果你想研究小说中有多少种描写战争的方式，那么阅读《飘》《战争与和平》《帕玛修道院》这类的书籍就没有问题。

如果你想研究罗马的战争史，那么阅读《迦太基必须灭亡》《伯罗奔尼撒战争》这样的书单显然更合适一点。

另外，如果想研究类似的文学作品，则可以多留心一下书籍的参考文献、脚注甚至正文，经常可以发现一些"金矿"。

在很多书籍的注释中都会引出其他书籍，比如阅读熊逸的书籍《纸上卧游记》，就能引出十几本哲学方面的主题书单。

再比如《战争与和平》《雾都孤儿》中会频繁地出现相同的脚注：此处原为法语。

英国人和英国人讲话，俄国人和俄国人讲话，为什么总是要用法语呢？原来，当时法语是上流社会中高贵的语言，而俄语和英语在上流社会看来弥漫着市井的气息。因此，如果不能说一口流利的法语，即便勉强打入社交圈，也很容易被当成"暴发户"被排挤出去。

因此，多留心一下这些方面，往往也能获得意想不到的收获。

榜单法

当我们扩展了自己的知识框架后，已经能构建出属于自己的底层逻辑，就对所谓的畅销榜上的书籍有了基础的判断能力。至少能做到不盲从、不乱信，毕竟很多榜单的排名并不客观。

这也是我刚开始没有推荐大家直接从畅销榜上选择书籍的原因。

当你拥有了这种能力后，你便拥有了从一堆书中，迅速选择一本适合自己的好书的能力。

这并不是说让你直接去京东、当当的畅销榜上去寻找书籍，而是建议你去寻找更加精准、权威的榜单。

如果你想研究外国文学，则可以搜索 20 世纪 TOP100 英语小说、诺贝尔文学奖历年榜单等。

如果你想找一些大学生必读的书籍，则可以搜索哈佛、剑桥必读书籍 TOP30 榜单等。

如果你想了解新知，则可以关注比尔·盖茨年度书单等。

这些都是你不知读什么书时的参考。

虽然在培养阅读兴趣的阶段，我们在阅读方面可以相对随意一些，但是最重要的还是行动与开始。一旦你开始尝试了，就会发现爱上阅读并没有你想象中的那么难。

Chapter Two

第 2 章
学以致用

什么样的书应该精读

在日常生活中，我们一看到别人因为读书多而口若悬河就羡慕不已，然而当自己加快了读书的速度，却发现什么也没有记住，还不如仔细阅读一本书获得的收获多。

相信每一个喜欢读书的人都被问过：你看一本书大约要多长时间？你一年能读多少本书？很多人以此作为阅读能力的评判标准。

那以，阅读究竟是越快越好，还是精雕细琢好？

如果你上网上搜索这个问题，会有截然相反的回答。

有些人认为，应该精读，这样才能领略书中的精髓和含义，才能够学以致用；而另一些人认为，很多书籍只需要领略要旨即可，没必要去逐字逐句阅读。东晋大文学家陶渊明有句话，说自己"好读书，不求甚解"；诸葛亮的读书方法是"观其大略"。古人都这么说了，我们也就没有必要那么精细地阅读了吧？

其实，我们阅读的速度不应该一成不变，而应该根据需求和条件去调节。

决定你的阅读速度的因素应该有三点。

第一点，就是你阅读的积累量；第二点，就是你对书籍所属领域的了解程度；第三点，就是书籍的难易程度。

简单来说，你的阅读量越大、对该领域越了解、书越简单，你就可以快读。反之，则应该慢慢读。

刚才我们提到过，陶渊明的读书法是："好读书，不求甚解"。刚开始我们都以为，这是他的读书习惯，只求知道个大概，不求彻底了解。其实我们错了，这句话里暗含了他自夸的成分，意思是这样的："我已经博览群书了，读书时只领会要旨即可。"如果从这个角度来看，陶渊明一定是个狂士。

你还真先别着急下定义，而后面，他又说道："每有会意，便欣然忘食。"看到能引发自己思考的内容，也会高兴得忘了吃饭。不吃饭干什么？精读。

你看就算陶渊明这种阅读狂人，阅读速度也不是恒定的。

所以我们读书时也没有必要过于纠结阅读速度是快还是慢，也不用追求读完后能记住多少细节。读完后能给你带来多大的感触、思考甚至愉悦，才是最重要的。

那什么样的书应该放慢速度进行精读呢？只要符合以下几种情况的书，都可以尝试精读。

精神享受

第一种，如果你读书是为了获得精神享受，比如读一些经典文学作品，那么建议你精读。

如果读它们使用了速读法，一方面，囫囵吞枣式的阅读并不能给你带来精神享受，另一方面，很多文学作品真正的意义和美，并不在表面的文字或者故事上。

比如我特别喜欢的一本书是英国作家威廉·戈尔丁的代表作《蝇王》，它表面上是写儿童因飞机失事被困在一座荒岛上，最初尚能和睦相处，后来由于人性的丑恶互相残杀的故事。而实际上，这本书是一本哲理小说，他探索了一个重要的哲学命题，即在远离文明的地方，人类的原始本性是善还是恶。作者把每一个抽象的哲理命题具体化，让读者通过阅读引人入胜的故事和令人深省的争斗场面来加以领悟，书中的每一个人物、场景、故事、意象等都深具象征意义。比如书名《蝇王》就来自于希伯来语，在《圣经》的意思就是"恶魔"，而在英语中则是"污秽之王"的意思。

倘若只是走马观花地看完故事的概况，可能也会引发你的深思、煽动你的情感，但却无法让你了解本书的真正精髓和含义，以及作者创作的巧妙之处。

经典作品

第二种需要你精读的情况，就是读某个领域的经典作品，或者刚涉足一个新领域的时候。

比如在自我管理方面，德鲁克无疑是这个领域的大师。而他最经典的作品，无疑是《卓有成效的管理者》。

这本书出版于1966年，至今已有半个多世纪的时间，在全球销量仍然经久不衰。德鲁克的亲传弟子那国毅老师曾经说过，卓有成效的核心有六个字：化资源，为成果！

而他又说过，如果你作为一个读者想要学习德鲁克的管理学，只要精读他的《卓有成效的管理者》《管理的实践》以及《创新与企业家精神》就够了。

再比如在心智成长方面，有一本经典的作品叫《少有人走的路》。书中的理论给很多自我管理、心智成长方面的畅销书奠定了基础，比如延迟满足感、自律力等。因此仔细地研读它之后，再去看其他相关的畅销书，能够使阅读事半功倍。

想在某个领域做学问

第三种需要你精读的情况，就是你想在某个领域做学问，这种情况下，不仅要求你精读，还需要你做大量或者跨领域的精读。

比如说，你想弄懂国学经典中一些章句的真正含义。孟子说过这样一句话："君子可欺以其方。"如果你只是简单地查阅资料，会发现它出自《校人欺子产》，说的是这样一个故事：

从前有人送活鱼给郑国的子产，子产命管理池沼的小吏把鱼养在池中。可是管理池沼的小吏把鱼做熟了，回来说："刚开始放入池中，那些鱼显得疲弱而且游得不太灵活的样子，过了一会儿就灵活自在了，迅速地游动，看不见了。"子产说："算是找到了应该到的地方，找到了应该到的地方啊！"刚才这句话不是出错了，而是子产真的说了两遍。

管理池沼的小吏出来就说："谁说子产有智慧？我已经把鱼做熟了吃掉，他还嘲讽地模仿子产说："找到了应该到的地方，找到了应该到的地方！"

所以，对正人君子可以用合乎情理的方法来欺骗他，但很难用不合情理的事情来欺骗他。

如果你的阅读到此为止，那么你的思想探索也就此终结了。对这句话的意思似懂非懂，一旦有人对你进行追问，你也会产生很多的疑惑——这句话告诉了我们什么道理呢？难道是要告诉我们，知道了这个道理，就可以用合理的方式欺骗君子吗？

所以，如果我们真的想弄懂这个问题，就不能浅尝辄止。

只要我们深挖一点，就会发现我们不能理解"君子可欺以其方"，是因为我们断章取义了，《校人欺子产》并非一篇独立的文章，而是孟子在论述一个观点的时候引用的案例，它出自于《孟子·万章上篇》。

此文的背景是：舜的父母以及弟弟象多次想要杀害他，当被舜察觉后，象用感情欺骗了舜，说："哥哥，我好想你呀！"听到这句话舜很开心，并赐给象一块封地。

于是，万章就向孟子提出一个问题：舜是伪装开心的吗？而孟子就引用了子产的典故说明，舜并非假装开心，他是真心地喜爱自己的弟弟，并为弟弟对他的示好感到高兴，怎么会是装的呢？

所以，孟子原本的目的，并不是让我们去学会如何欺骗君子，而是告诉我们君子是怎样的一群人。

再举一个简单的例子，李白曾经有一首诗这样写道："暂就东山赊月色，酣歌一夜送泉明。"

最后的"泉明"是什么意思？很多人读不懂。其实别说我们，就连很多古人也读不懂，明朝就有很多人觉得读不通，研究了很久也没研究出来"泉明"的意思，因此就认为是李白的笔误，把这首诗改成了"酣歌一夜送泉声"。

其实，如果你多翻看一些对诗词的赏析，联系当时李白所处的时代，这个问题就会迎刃而解。

原来李白有一个偶像，就是陶渊明，他写过无数篇关于陶渊明的诗。而刚才那首原诗是想表达"酣歌一夜送渊明"，而当时是唐朝，为了避讳开国皇帝李渊，将"渊"改成了"泉"。

这两个字在当时，无论在读音和意思上都是最为接近的，于是李白将这首诗的最后两个字写成了"泉明"。

再比如，我们经常在影视剧和武侠小说中看到龙泉剑和龙渊剑。其实是一把剑，剑的原名就是龙渊剑，为了避讳李渊，改成了龙泉剑。

就如同我在序言中说的那样，当我们在阅读的过程中遇到难以理解的困境时，可以拓宽一下视野，往往会"柳暗花明"。

什么样的书应该速读

前文我们讲过，究竟是应该精读还是速读，要取决于阅读的目的。针对不同的目的，采取不同的速度可以使阅读效率最大化。

那么，在什么情况下我们可以选择速读呢？

速读的三种情况

第一种情况是带着目的和问题的查阅式阅读。

在这种情况下，因为你需要快速定位知识点的位置，因此逐字逐句地去阅读显然并不合理，这时候就需要拟定好自己的目的和问题，去快速地检索相关书籍。

很多人以为这种方法只能用在学以致用类的书籍上，比如阅读《极简工作法则》《高效能人士的七个习惯》这样的工具方法类书籍。

其实并非如此，狭义上的学以致用类书籍的确是指工具方法类书籍。但从广义上来说，只要能帮助你解决问题或者给你提供启发的书籍都是学以致用类书籍。

举个例子，《了不起的盖茨比》是我特别喜欢的一本书，在平时，它属于能让我产生精神享受的书籍。但每当在写作过程中进行场景描绘遇到困境时，我往往会翻开它，在阅读的过程中会产生创作的灵感。

比如书中有一段描写得很出彩的场景："夏天的每个夜晚，我的邻居都有音乐声传来，在他幽蓝的花园里，男男女女像飞蛾一般，在笑语、香槟和繁星间穿梭。"

当我读到这一段的时候，眼前一亮，大受启发，仿佛自己也置身在这个夏日繁华的花园中，然后再看看楼下的灯光，就写道："那天的灯光格外柔和，在它们的交相辉映下，街道上的男男女女像成双结对的蝴蝶一般，在繁星和蝉鸣声中迈开轻盈的脚步。树上的叶芽，仿佛伴随着那种节奏，一夜之间从光秃秃的树枝中钻了出来，与忽明忽暗的灯火一同点缀着这座城市。"

在这种情况下，我就没有必要从第一页开始精读，而是用目光扫视，找到能让我有所感悟或者说能解决问题的地方，就足够了。

第二种情况是想快速了解新领域时。

有时候我们需要去快速了解一个新的领域，往往需要快速搭建该领域的框架。这时候，就需要大量的泛读，精读显然效率是不够的。

若是只从某个点切入，可能会让我们陷入误区。比如说，你在看历史书籍的时候，只看汉武帝一朝，就会觉得光武帝英明神武。可是如果你纵观西汉的历史，你会得出另外一个中肯的评价，即虽然他为国家扩张了国土，击退了匈奴，可是穷兵黩武带来的后遗症也十分的严重。战争导致财政空虚，为了维持战争，汉武帝不得不重用桑弘羊等人敛财。

若是能够先用 20% 时间，将 80% 的历史框架搭建出来，那么你在读书的时候，就可以辩证地去看很多问题。

在第 4 章中，我会系统地为你讲解，如何用有效的方法，迅速了解一个新领域，并搭建出知识框架。

第三种情况是读熟悉领域的新书或工具书时。

一般来说，工具方法类书籍的内容都是相通的，倘若你已经在某个领域搭建了属于自己的知识框架，那么在需要补充新的知识时，同样可以选择速读。

如果你在自我管理学方面已经通读了很多有代表性的

书籍，比如《第五项修炼》《卓有成效的管理者》《异类：不一样的成功启示录》等。那么你在阅读这方面的新书时，就可以使用速读的方法。因为大部分的逻辑框架都是相通的，你只需要了解作者新的观点即可。

甚至历史类书籍也可以这样读，比如说，2019 年我看了一本评价比较高的历史书《汴京之围》，它从一个全新的角度论证了北宋灭亡的原因，其中有一部分内容详细讲述了北宋的信用危机。如果你对宋史有足够的了解，则在阅读这本书的时候，就可以快速地阅读，跳过那些特别熟悉的案例和故事，只阅读这本书与众不同的观点即可。

阅读的三大难关

之前我看到过很多速读方法，都提到了阅读时要用眼去看，不要读出声来（包括默念）。

这个方法的确很有效，但是对于新手而言，却会适得其反。不信你可以试一试，若是读书时心里不默念，要么看了好几页，什么都忘记了；要么看了几页之后，你的内心又出现了声音。

其实这样的阅读方法是比较反人性的。在一本科普书籍《脑与阅读》中，就提出了这样的一个研究，人在阅读方面有三大难关。

第一，人的眼睛有一个先天缺陷，就是只有中间的一块区域聚集了高分辨率的视觉细胞，能看清文字，也就是说我们的眼睛并非如高清相机一般，其不同的区域清晰度是不同的。因此在阅读的时候，我们的眼睛必须不断地转动，一次只能看清楚几个字，周围其他的字都是模糊的。而且，在阅读的时候，我们的目光不是匀速前进的，每秒钟要跳动 4~5 次。

第二，眼睛接收到的信号是什么样的呢？不是一个一个的字，而是一个一个的画面。在最初接触的 0.1 秒的时间里，在大脑看来，一个汉字和一张人脸是没有区别的，都是画面。要再过 0.05 秒，大脑才开始运作，进行转换。我们靠大脑左半球上的一块皮层把视觉画面转变成可以处理的信息。这块皮层区域其实很小，你可以把这个区域理解成一块图像识别芯片，这是我们阅读依靠的最重要的硬件基础。

第三，阅读时需要把文字转化为"声音"。罗马人有过这样一个故事。奥古斯丁拜访米兰主教，发现他读书的时候，居然不出声。奥古斯丁看到以后，非常惊讶地感叹道："居然有人读书能够不出声？"在那个时代，阅读发出声音是一种社会习惯，人们通常还会读得很大声。所以，看到一个人安安静静地读书，实在是一件奇怪的事情。

你也许说："不会啊，现在有很多人阅读时也都是不出声的。"先别着急否定，你先去看看古代的读书习惯，不仅要出声，还要大声地、抑扬顿挫地朗诵出来。

科学家发现，一个文字进了人的大脑，在 0.3 秒以后，通过仪器就可以观察到，大脑剧烈活动，大脑的各个区域都被调动起来。大脑要全体出动，比如负责图形、声音的神经都参与进来，才能识别出一个字的意义。

如果只靠视觉阅读，那么理解的效率，会大大降低。

当然，你也可能会说，为什么我现在阅读，只用眼睛就完成了呢？为什么我不用念出来呢？因为现代人的阅读量远远大于古人，我们在心里默念就行了。这是高强度训练的结果。其实我们在阅读过程中，还是会读出来，只是通过默念完成的。

因此，想要内心不发出声音是一件很困难的事情。

如果要克服这一点，则需要刻意练习。

训练速读的两个方法

第一，双行法。有人说利用图像记忆读书法可以一目十行地读书，但是在刚开始的阶段，我们不具备这样的能力，可以不必那么贪心，一目双行即可，也就是"两句话一读"。对于新手来说，这也是十分容易接受的。

双行法的精髓在于：着重看下面一行，余光看上面一行。因为在你看下面一行的时候，相当于已经知道了结果，看上面一行是在看原因。这样一来，你的阅读速度整体能达到以往的 1.5 倍以上。等到扫清阅读障碍后，即可慢慢加行。

强调一下，这个方法更适合阅读工具类书籍。

第二，画笔法，画笔法并非让你在速读的过程中记读书笔记，而是把重点语句、关键词逐个画下来。一方面你可以加深对重点内容的记忆，另一方面也是为下次可能出现的重复阅读画出重点，帮助你快速过滤无用信息。

不过在速读的过程中也要注意几个误区，一个就是，读一本书切不可匀速地看。比如读序言部分时可以慢下来。另外，在书中看到让你有所感悟的观点时，也应当慢下来，细细地读一遍作者推导的过程。

另外，在阅读时要抓住重点，尤其是每一段的第一句和最后一句，以及表示转折关系的关联词，比如"但是"，这些地方往往是关键信息出现的地方。

如何用两个小时，
高效吸收一本书

知道了哪些书适合速读之后，如何高效阅读是关键。
本节我们就来详细介绍一下速读的方法。

设置目标

第一步，花几分钟的时间，为自己本次的阅读设定一个目标。问清自己：读这本书，我的目的是什么，我想得到什么样的收获。

在设置这个目标的时候不必过于紧张，根据书籍的类型来设定能够让你在阅读完之后有所收获的目标即可。

比如读《终身成长》的目标可以定为，掌握几条可以运用的成长型思维的方法；读《战争与和平》的目标，可以定为，用 5 分钟时间跟朋友讲出这本书基本的故事线；读《尤利西斯》的目标甚至可以定为，我到底要看看这本被称为最难搞懂的"意识流"小说，到底写了些什么。

总之，在阅读的时候有明确目标的驱动，阅读就会变得更有效率。

了解书籍背景

第二步，确定好学习的目的和所要阅读的书籍之后，在速读之前，你首先要了解书籍所要表达的基本信息。

最好的办法就是看书评和推荐序。一篇好的书评或者推荐序，会让你快速了解书籍的知识框架、背景。

比如《黑天鹅：如何应对不可预知的未来》这本书，如果只看书名和它的副标题——如何应对不可预知的未来，可能还是不知道这本书要讲什么。

但如果你看了一些书评，就可以迅速抓住书籍要表达的核心。"黑天鹅"曾经是欧洲人言谈与写作中的惯用语，用来指不可能存在的事物，因为他们普遍认为天鹅只可能是白色的。

然而在他们登陆澳大利亚之后，这个不可动摇的信念随着第一只黑天鹅的出现而崩溃。

因此"黑天鹅"就被形容那些无法被预测的、重大的小概率事件，比如"911事件"、金融风暴、海啸、大地震，在资本的世界以及职场中黑天鹅也无处不在。

而这本书，就是教你如何通过改变思维，来把握黑天鹅带来的机会，减少自身损失甚至从中受益。

除此之外，在推荐序或者书评中，你还能看到一些名家精彩的点评。

北京十月文艺出版社出版的《了不起的盖茨比》一书的序言，就是由著名小说家村上春树撰写的。他在没有做任何一点剧透的情况下，通过描写自己对本书的敬畏、沉迷以及对他人生的影响，向我们间接地展示了这本书的魅力，也能够帮你了解此书的创作背景。

还有一些书籍的推荐序或者书评中，会比较同类书籍的差异。比如在介绍"一万小时定律"的书籍中，《刻意练习》就是一本突出的代表。其推荐序明确地介绍了本书和其他同类书的差异之处，因此在阅读的过程中，这些地方就值得你格外留心。

精读自序或目录

第三步，精读作者的自序或目录。

阅读自序也和阅读书评有异曲同工之妙，因为对于书籍的结构，作者本人最为了解。尤其是作者在介绍全书的重点内容和结构时，要格外关注。

比如在《刻意练习》一书的自序（作者声明）中，作者就说明了创作这本书的初衷：想对"一万小时定律"这个概念进行补充说明。

所谓刻意练习，并非是盲目努力，也不是简单的重复性练习。"刻意"的前提，是找到一个能够让自己有效进步的方法，并搭配目标；"练习"是要有正向反馈及成果。

作者差异化的声明，也将成为他着重表达的部分。

在目录中，我们也能了解作者想表达的核心概念。比如这本书的目录中就有几个比较独特的论点。

（1）天才也需要经过努力，才能成功。

（2）在付出努力之前要有明确的目标，拒绝"无效勤奋"。

（3）每一个成功的人物，几乎都有相同的成长路线，因此通过"刻意练习"可以让自己从新手成为大师。

当我阅读的时候，就对这几个点格外关注，想看看其整体推导过程。实际上，也恰好是这几点，对我个人的影响极大。

略过工具类书籍的故事、案例和证明过程

第四步，双行法与画笔法结合，阅读内容，在阅读工具类书籍的时候，适当地略过故事、案例和证明过程。

为什么要略过故事和案例？作者在证明他的观点的时候，往往会引用 2 ~ 3 个逻辑相同的故事。如果你想快速理解，可以只选择一个故事进行阅读，剩下的故事基本上可以略过或者一扫而过。这一部分其实已经无法给你带来实际性的帮助，而作者要论述的重点就在结论部分。另外在工具书中，案例中的人名也没有必要去记忆，把更多的精力放在作者给出的结论上即可。

比如在《刻意练习》的第一章中，作者先后引用了他的学生史蒂夫·法隆、马拉松冠军约翰尼·海耶斯以及鲍勃·费舍尔等人的例子。所有的例子都是为了证明他的一个核心观点——要有目的地去练习。而这些故事就算你精读了，可能也会很快忘记，在阅读过程中只需了解个大概即可，主要关注作者给出的结论——有目的练习的四个特征：明确特定目标，专注，获得反馈，走出舒适区。

另外，工具类书籍中的人名，除了一些特别的"牛人"以外，我也建议大家一扫而过。比如刚才我说的三个人名，

才过了 1 分钟左右，估计你也忘了吧？

为什么要略过证明过程呢？其实很多畅销的工具书作者写下的逻辑证明，只是冰山一角。更多复杂的推导过程，他们是不会写在书中的。为什么这样做呢？因为这部分内容很多读者都不爱看。但是为了证明自己的观点，作者不得不写上一长段。

若不是做学问，建议大家可以了解一下证明过程就行。相反，如果你过于纠结证明过程的内容，则很有可能陷入模式化的误区。

举一个极端的例子，如果你想了解什么是黑洞，可以读一些比较专业的书籍，但如果你只是感兴趣，并不想深入了解的话，其实只要知道三件事情就好。

第一件事情：任何物体的运动轨迹，都会受到引力的影响变得弯曲，包括光。

第二件事情：任何星体都有引力，如果一个物体想逃离这个星体，那么这个物体的运动速度一定要超过这个星体的逃逸速度（比如我们朝着斜上方射出一支箭，无论使用再强的弓弩，最终它都会因为一种力量，落回地面。这种力量，就是引力。因为地球的逃逸速度是每秒 11.2 千米，所以当物体速度达到每秒 11.2 千米时，地球的引力将无法阻止它们逃离地球。

第三件事情：黑洞的逃逸速度比光速快。

这样，你就可以理解为什么黑洞能够"吞噬"万物的原因了吧？

换个说法大家也许就更容易理解了，如果你只是个普通的消费者，买了一部手机，只需要知道怎么操作即可，不必去研究手机是如何生产的。

标注概念、结论

第五步，标注概念、结论，这部分内容也是作者想要表达的核心观点，需要我们格外留意。概念或结论通常会通过这样几个方式来呈现：小标题、加粗字体以及并列的几个案例之后。

《刻意练习》一书中提到了一个案例：很多人认为唱歌好是一种天赋，然而有一个调查却让人吃惊。在正常条件下，每一万人中只有一个完美高音，但是参加研究的那些孩子，却个个拥有。

而讲述完案例后重点也就出来了：这显然意味着完美高音根本谈不上是极少幸运儿才拥有的天赋，而是只要经过适度的接触和训练，几乎人人都可以培养和发展的能力。

其实，如果你是为了高效阅读，只要看了这段话大约就能知道前面作者举了一个什么样的例子。

你在标注的过程中，可以直接把它转化为：只要经过正确的刻意练习，每个人都有成为天才的潜力。

这样一来，你就能一下子吸收到作者本章所要表达的精髓。对于这部分内容，你可以用笔或者便签给标记下来。

系统回顾

第六步，系统地回顾。尽管我们在速读时，尽量快速阅读是一个明确的需求。但我还是建议，在读完书籍时，要再系统地回顾一遍。

回顾第一遍时，按照上面的步骤标记出书中你认为重要的观点；回顾第二遍时，逐个阅读自己标记的部分，然后把这些标记的内容整理起来，并写出自己的困惑和想法。另外，对于你觉得好的内容，也可以用自己的语言去转化一下，至于怎样用语言转化，我在后面的内容中会提到。

五步笔记转化法

很多人都会遇到这样一个问题，读书的时候，哪怕是逐字逐句地精细阅读，当合上书之后，发现还是有很多内容已经忘得差不多了。

于是，很多读者为了加深对书籍内容的记忆，就选择了记笔记。碰到自己喜欢或者有所感悟的句子，会标记出来，甚至一笔一画地摘抄下来放到笔记本中。然而到实际使用的时候依然记不得。

那句话明明看过很多遍，甚至抄了一遍，怎么到关键时刻就忘了呢？

难道是因为记笔记没有效果吗？

其实，是因为我们在记笔记时很容易陷入误区。

记笔记的三大误区

我们记笔记的时候，往往容易陷入三种误区。

第一个误区，记录过多的"要点"造成信息过载。

短时间试图将大量、零碎的知识点灌入脑中，大脑自然也就很难记住。

另外，很多人记笔记的过程，也是对知识点简单搬运的过程，比如只是画条线之后再也不管不问了。在我们单纯地搬运信息的过程中，更容易产生"无用"的信息。

比如很多朋友喜欢收藏、转发微信文章，他们通常认为自己收藏、转发之后，一定有一天会用得上，到时候可以随时翻阅。

正是因为一键收藏的功能太过于简单、便捷，于是收藏微信文章的数量越来越多，等到真正想找之前的某一篇文章时，甚至连标题都想不起来了。

你想一想，这个是不是跟主次不分地去记笔记是同样的道理。

所以，有效记笔记的第一要义，就是减少无效信息的输入，如果不是你认为真的重要的知识点，可以不用强迫自己记下来。

第二个误区，没有分门别类，进行二次整理。

在记笔记时，很多人只是简单地记了一遍，并没有进行回顾和整理。

在上文中，我们讲过，在通读之后，如果发现这是一本对我们有价值的书，最好进行二次阅读。阅读第一遍时，划出要点；阅读第二遍时，逐个阅读自己标记的部分，进行归类。

我在第一遍阅读纸质书籍时，习惯使用便签和不同颜色的笔去标记。比如黄色的笔迹是书籍作者引用、推荐的书籍，绿色的笔迹是优美的句子，粉色的笔迹是紧扣主题的干货内容，等等。

如果不习惯这样做，则可以在画线之后，标记不同的记号，比如五角星、圆圈等。

总之在第一遍阅读时，最好用不影响阅读进度的方式将内容分门别类。在第二遍浏览时，再对内容进行归纳整理。

第三个误区，没有与自身建立关联。

在很多读者的阅读笔记中，我们经常看见的是单薄的记录。比如对优美句子的摘抄，仅限于此。

并不是说摘抄优美句子没有用，而是没有将这些知识与自身建立关联。比如很多优美的句子，是可以在日常生活中、文章随笔中被灵活运用的。

当你看到了美景，可以引用王维的诗句"大漠孤烟直，长河落日圆"；当你感慨世态炎凉时，可以引用诗句名言

"卑鄙是卑鄙者的通行证，高尚是高尚者的墓志铭"。

那么，我们如何通过记笔记让知识与自己自身建立关联呢？

详解五步笔记转化法

在这里，给大家介绍五步笔记转化法，分别为：阅读及回顾、转述、设问、分析、应用。

第一步，阅读及回顾。在读书的时候，遇到确实对自己有启发的内容，可以仔细回味两遍，然后再做记录，等到第二遍浏览时对这部分内容再进行精读。

有本关于执行力的书，是这样介绍执行力的概念的。

所谓执行力，指的是贯彻战略意图，完成预定目标的操作能力，是把企业战略、规划转化成为效益、成果的关键。执行力包含完成任务的意愿，完成任务的能力，完成任务的程度。对个人而言，执行力就是办事能力；对团队而言，执行力就是战斗力；对企业而言，执行力就是经营能力。

听完了是不是感觉一头雾水？更别说刚看一遍就想复述下来，即使你抄写很多遍，都不一定能做到。

那么就需要使用第二步的方法，转述。用自己的话复述原文内容，写出自己的理解。值得注意的是，一定要转换自己完全理解的、可以准确无误复述出来的语言。

什么样的复述才算到位呢？我们尝试先来简化一下上文的内容：执行力是指有效利用资源、保质保量达成目标的能力，是指贯彻战略意图，完成预定目标的操作能力。

可是这样依旧令人无法记住，因为它跟我们自身好像还是隔得有点远。再进一步，可以将它转化为：执行力，就是将目标又快又好完成的能力。这样就简单了许多。

然而只知道"执行力"这个概念是没有什么用的。

接下来就该进入第三步了，设问。提一个可以引发自己思考的问题，或者能针对性地解决某个具体问题的问题。

针对执行力而言，可以提出一个这样的问题：怎样才能提高执行力呢？

或者提出一个更具体的问题：执行力和什么有关，是和任务的难易程度有关，还是和自己的意志力有关？

接下来学习第四步，分析。结合书中讲过的案例，回忆自身过去经历过的和这个问题有关的场景，分析原因。

如果是和意志力有关系，那为什么我有时候执行力很高，有时候却很低；如果是和任务难易程度相关，那为什么我画画的时候，执行力很高，而对于做家务这个看起来很简单的任务，为什么我执行起来却很拖沓。

于是就可以开始找原因：画画是我特别喜欢的事情，当完成一幅好的画作时，能让我心情愉悦，而且有时候作品能够给我带来可观的收入；做家务虽然难度很小，但是我并不喜欢，而且不做家务给我带来的损失也是很有限的，但是在朋友们要来我家做客前，我却能很快地把家收拾得异常整洁。

因此，内在和外在的动力相结合，让我在画画方面特别有执行力。而做家务虽然没有内外的动力，但是如果当朋友来到我家时，看到家里异常乱，他们的想法会使我感到痛苦，因此在这个时候，我做家务的执行力也很高。

第五步，应用。针对这个问题，写下自己应如何采取下一步行动，如何应用知识点，让知识在自己的生活里发挥作用。

在下次做事情前，由兴趣入手，培养自己的兴趣，或者完成后给予自己外在的奖励，测试下能不能提高自己的执行力。

或者设置痛苦机制，比如说，每周安排一次朋友聚餐，可以在家中进行，来提醒自己保持整洁，直到养成习惯。

一旦完成了以上的五步，就相当于你已经写成了一篇干货文章，那你对这个知识点的记忆，一定会比以往更加深刻。

五步笔记记录表	
书名	
知识点	
第一步：阅读及记录	
第二步：转述	
第三步：回忆	
第四步：分析	
第五步：运用	

纸笔复述法

我们在上一节中介绍了如何利用两个小时完整地吸收一本书的精华，其实，仅仅了解书中的内容只是初级阶段。重要的是如何加深记忆，以及将内容内化为可以供我们随时使用的知识。

内化知识有很多种方法，其中有三种比较行之有效，而且实施起来十分简单。

第一种，就是学以致用，我们在上一节已经详细讲过。

第二种，就是通过撰写书评、随笔、心得等方式，以文字输出的形式加深自己对知识点的理解。

第三种，就是本节要详细为大家讲解的方法，如何通过复述来加深对知识点的运用和理解。这个方法和费曼学习法有很多相似的地方。简单来说，就是把书中的知识点，变成一个你演讲的主题，然后进行自我复述。如此一来，不仅可以加深记忆，还可以锻炼自己演讲的能力。

我举办过很多图书分享会，很多参加分享的读者，都有这样一种经历，在演讲之前很紧张，也没有那么多的感悟，但在表达的过程中，就会发现越说越多，而且不时会有新的内容进入你的脑海，自己也会慢慢地结合别人的思想与自己的感悟，对图书有更深的理解。

特别是在演讲的过程中，看到不停点头认可你的书友，以及他们肯定的目光，你会越说越兴奋，最后若不是出于时间的考虑，也不太舍得停下来。

但平常，我们并没有太多做这样练习、分享的机会。那我们该怎么办呢？

有不少朋友看一些演讲书籍的时候，可能会看到这样一种方法，它告诉你对着镜子讲。

其实，这是演讲高手使自己能力得到进阶用的方法。如果你刚刚开始练习演讲，不妨试一试，很难张口。

一方面因为没有人监督，没有毅力的话就会很容易放弃，另一方面，其实对着镜子演讲会对新手产生强大的干扰。

首先你的目光会纠结于你说话的神情或者口型，一旦你发现你说话的神情不美观，你就很容易产生自卑心理。其次，看着镜子里不停说话的自己，你的潜意识会产生一种错觉，认为有另外一个人在同时讲话，你的气势也就慢慢降了下来，甚至不想说了。

五个步骤复述你的主题

这个时候问题就来了，当我们一个人的时候，我们应该怎么练习呢？其实，只需要一张纸、一支笔和五个步骤就够了。

第一步，确定要学习的概念，明确要加深的知识点，写下题目和副标题。

比如说，你看完一本与原生家庭相关的书籍《为何家会伤人》。这时候你有所感悟，想要加深对这方面的理解，就可以先定下来一个主题——如何摆脱原生家庭对人们产生的负面影响。

第二步，确定你的讲述对象。

在不同的讲述对象面前，我们不能使用千篇一律的讲述方式，比如说，你对基础比较好的人讲述一些浅显的概念，或者对新手讲述难度特别大的知识点，显然都是不合适的。

对讲述对象的描述要尽量具体，这样你才能更有针对性地引用书中的观点，也能更好地组织自己的内容。

比如说，原生家庭方面就可以构建三个讲述对象：

（1）面对着自己的问题，不知道自己是受到原生家庭影响而陷入自卑的人。

（2）自己用原生家庭的影响来道德绑架自己亲人的人。

（3）自身有问题，但不愿意面对，把一切问题都甩给原生家庭的人。

而面对这三种讲述对象显然不能用同样的讲述方式。

第三步，从讲述对象出发简单列出你要演讲的大纲。

这样可以防止临时演讲时，想法不受控制而跑题。

比如针对上面的第三种对象：自身有问题，但不愿意面对，把一切问题都甩给原生家庭的人。你就可以这样列。

首先，原生家庭的概念在现在的社会中渐渐普及开来，成为心理学的一个热门话题，很多人也通过心理干预，解决了很多以前难以解决的问题。

其次，原生家庭又成为一些不愿意面对自己问题的人自我逃避的理由，举例说明。

最后，我们应该用什么样的办法来面对自己的问题，成为真正独立的人。

当列好大纲后，你的演讲会事半功倍。

第四步，当我们遇到问题时讲不下去了，应该回到书中。

遇到讲不下去的情况时，有很多人喜欢给自己贴一些否定的标签，"看来我记性真的不行，我还是放弃得了"。

其实这很正常，我们在看书的过程中，往往认为自己已经理解了。但是，其实那只是短暂的记忆，还需要我们大量做刻意练习。

如果在阅读过程中，我们没有通过实验获得有效的反馈，很容易自认为，对于书中的那些知识点，我们全部都掌握了。

所以我们应该回到书中，再进行刻意练习。如此经过几次，我们也就能慢慢地掌握书中的精髓了。

第五步，简化你的语言，尽量不要用术语。

对于术语，一方面，你需要耗费大量的精力来记忆，另一方面当你真正演讲的时候，别人不一定能够听懂术语，从而对你的话题产生兴趣。

比如《刻意练习》这本书中就有一个听起来很陌生的术语，叫心理表征。

如果简单来理解，就是心理对一个事物的底层印象。

比如说，一提到企鹅，大家想象的形象几乎都相同，黑背白肚子可爱的小动物。而说到狗，每个人想象的形象都不同，可能你想的是哈奇士，而我想是博美。

建立心理表征，是对一个具体问题进行刻意练习的关键。这个表征建立得越具体，你刻意练习的效果可以就越好。比如说，我在前文提到做标记的方法，在我心里颜色已经代表了类型，黄色代表的是书籍作者引用、推荐的书籍或者其他作者；绿色代表的是优美的句子；粉色代表的是紧扣主题的干货。因此在检阅的时候，我就不需要做二次转化了。

所以，当你能够随时把书中的术语，用自己的话复述，而且大家都能够听懂的时候，那么你对这个知识的印象肯定已经很深刻了。

第 3 章
尝试经典

经典指的是什么？
为什么我们需要读经典

　　当我们读完足够多的书的时候，内心一定向往阅读经典。

　　那究竟什么才是经典呢？

　　很多人认为那些流传时间很长的书肯定就是经典，比如中国的《易经》《论语》，国外的《理想国》《斐德罗》等书。

　　我在 2015 年左右看到过一篇文章叫《复旦中文系教授写的"不必读"书单》，里面一反常态列举了很多"不必读"的图书。

　　虽然文章中的观点需要辩证地看，但这个书单引发了我们的思考：是不是图书流传的时间久，就一定是经典。时间的确是一个考量一本书是否为经典的依据，但也仅仅是一个考量的角度。

　　举个简单的例子，在各种国学类书单中，《弟子规》几乎都没有缺席过。

虽说本书成书时间较为久远，其内容也采用了《论语·学而篇》中的第六条"弟子入则孝，出则悌，谨而信，泛爱众，而亲仁，行有余力，则以学文"的文义，也就是说它有《论语》的"支撑"，并且流传了几百年，但它能被称为经典吗？并不能。

且不说现代人对它的误读，就连著书者对《论语》也不求甚解。

首先"弟子"两个字，以前指代的多为求学之人，而现在在学校指学生，在公司指员工，在单位指下一级。

其次，孔子原话为：弟子入则孝，出则悌，谨而信，泛爱众，而亲仁，行有余力，则以学文。

意思是在家孝顺父母，在外端正品行。而《弟子规》对此描述却有变化：首孝悌，次谨信，有了先后顺序。

而对"行有余力，则以学文"的描述被简化为"有余力，则学文"。

原本是指端正自己品行，在家孝顺父母，敬爱兄长，在外注重行为，要小心谨慎讲究信用，和大众相处时要平等博爱，并且亲近有仁德的人，向他学习，这些都是很重要且非做不可的事，做了之后，就应该好好地学习六艺等其他有益的学问。

被简化之后，就变成了有多余的精力，学习有益的学问。

所以说，并不是所有的流传久远的书籍都能被称为经典，很多书籍让我们错误地理解经典，甚至扭曲我们的价值观。

既然如此，有这么多书，我们又该怎么判定一本书是不是经典呢？

什么是经典，什么时候读经典才合适

究竟什么是经典呢？它有一个标准的含义：古今中外，各个知识领域中那些具有典范性、权威性的著作，就是经典。经过科学或者文化共同体共同认可的权威著作就是其中之一，比如诺贝尔文学奖获奖的作品。

其实，如果为了方便挑选，我们可以先锁定被社会公认是权威的人。比如林语堂先生，他学贯中西，不仅撰写了许多有关中国传统文化以及古代哲学经典方面的书籍，如《老子的智慧》《苏东坡传》等。同时他还将很多中国传统文学作品翻译成了外语，比如沈复的《浮生六记》以及陶渊明的《桃花源记》等。

学习这种大师的作品，虽然不一定能一下子了解经典的内容，却可以入门，不会扭曲自己的价值观。

不过说到经典，很多朋友觉得入门应该非常难。不禁提出了一个疑问，我们什么时候接触经典比较合适？

我的回答是：什么时候接触都合适。

举个简单的例子，在古代，人们拥有的图书的数量是很少的，因为受印刷技术的限制，哪怕是大户人家，也没有多少藏书。

孩子从小开始就读那些跟生活语言有所不同的文言文，读得多就能接受了，甚至比我们现在很多大人理解得都要深入。所以什么时候开始接触经典并不重要，重要的是，你抱着什么样的热情去接触它。

比如我开始接触能称得上经典的书，就是源自于好奇心。

大约在高中时期，我对中医比较感兴趣，就随便在书店买了一本关于中医的书叫《圆运动的古中医学》，它从五行方面论述了中医运行的原理，读完后我顿时对五行产生了兴趣。

那时候由于研究少，我误以为五行八卦是一体的就买了一本《易经》看，虽然最初看不懂，但也坚持一点点看完了。这也慢慢地打开了我阅读中国经典和历史书籍的大门。

很多人说阅读经典可能没什么实际作用。没错，很多经典书籍并不能像实用类的工具书那样能够快速解决当下的问题。

但是就像我在自序中说的一样：虽然它们在历史长河中会变得晦暗，但它们总能不动声响地激起波澜，直到生命的真谛如同一场洪流般，汹涌而来。

大家应该都看过《天龙八部》吧，里面的虚竹在得到无崖子全部的内功后，在刚开始的阶段，依然无所作为，甚至被人欺负。

可是在经过各种磨炼后，他体内的内功与各家武学融会贯通，最终成为一代宗师。其实我们阅读经典，就像修炼内功，在当下，可能无法显现神威，可是在不久的将来，你终将体验到经典为你带来的益处。比如宋朝的开国功臣赵普就有"半部论语治天下"的称号。

读经典有什么作用

其实，经典不仅在未来能发挥作用，很多的时候还能赋能于当下。

举个简单的例子，我在写文章陷入僵局的时候，不仅会从一些文学作品中寻找启发，还会从中国古代经典中学习一些写作的底层逻辑，比如我特别推崇的《古文观止》中的一篇文章《尚德缓刑书》。

文章固然是好文章，但是更让我佩服的是路温舒的逻辑和机智。

在解释这点之前，需要大家先了解一下当时的背景和路温舒上书的目的。

这封奏章写于汉宣帝刘病已刚继位不久。当时的皇权并不像明清那样处于顶峰，皇帝不仅受制于权臣还受制于诸侯、士大夫。当时的辅政大臣是霍光，总体来说，辅政大臣就相当于"摄政大臣"的角色，大权独揽。

而路温舒上书的目的，是为了痛斥当时严苛的刑法。在汉朝上书言事，可没有想象中那么简单，一旦你触怒龙颜，或者在朝中得罪了大批士大夫，极大可能被处以极刑。

而路温舒这个谏言，将会面临三类敌人：

第一，皇帝。因为路温舒说当时的刑法太严苛，是谁的错？一定会让皇帝觉得是他的错，或者是他祖先的错。

第二，权臣霍光。他辅佐皇帝，身为"摄政大臣"没有注意到刑法严重，也难辞其咎。

第三，刑部官员。因为刑部官员都与刑法相关，路温舒的谏言把大部分刑部官员都得罪了，他们还不想办法针对路温舒吗？

那上完这封奏疏后，路温舒的结局如何？他的结局却是升官。

那他是怎么做到的呢？

首先，在关键的地方，他用了一个巧妙的方法，那就是"臣闻"——我听说。"臣闻秦有十失，其一尚存，治狱之吏是也。""臣闻乌鸢之卵不毁，而后凤凰集；诽谤之罪不诛，而后良言进。""臣闻……"

言下之意是："如果我说错了，大不了是我笨，别人说我就信了！你最多说我笨，不能说我不忠"。

其次，他高举了儒家大旗，"臣闻《春秋》正即位，大一统而慎始也。陛下初登至尊，与天合符，宜改前世之失，正始受命之统，涤烦文，除民疾，存亡继绝，以应天意。"

"我听说《春秋》很重视君王登基的事，这是为了统一天下，为了慎重地对待开创的事业。陛下刚登上帝位，与天意符合，应该纠正前代的过错，在承受天命继承帝业时慎重对待开始做的每一件事，去掉烦苛的法令，解除老百姓的疾苦，保存、继承将要消亡、断绝的好传统，用这些行动来应合天意。"

再之后，他搬出了汉朝的先祖："臣闻秦有十失，其一尚存，治狱之吏是也。"

"我听说秦朝有很多失误的地方，（汉朝前面的君主劳苦功高，已经修正了九条）其中一条现在还存在，就是负责审案的官吏违法判案的问题。"言外之意是说：最后一个，是不是您要来修正呢？如果您不改，岂不是对不起先祖？

铺垫了这么多他才搬出自己想要上书的目的：尚德缓刑。那他怎么样才能不激起刑部官员的反对呢？他又用了一个很巧妙的办法——治狱之"吏"是也。

"我们汉朝的刑法太烦琐了，判案太重了。也没有标准，都是治理监狱的小吏惹的祸！"在汉朝，小吏的地位很低下，甚至农民都看不起他们，路温舒把执法过严的过错放到了小吏身上，虽然这样做道德上有点说不过去，但是大家都清楚他这样做的目的，并非针对小吏，而是为了减缓刑法。有了台阶下的刑部官员，也自然不再揪着他不放了。

另外，在文章中，路温舒也狠狠地赞扬了霍光一番："故大将军受命武帝，股肱汉国，披肝胆，决大计，黜亡义，立有德，辅天而行，然后宗庙以安，天下咸宁。"

本来一封势必要得罪人的奏疏，因为路温舒的论述逻辑，将所有的矛盾都化解开来。

这篇文章给我们带来了很多启发。比如当我们准备提一些建议的时候，如何能够让更多的人支持你？不妨学一学这篇文章中说话沟通的技巧，它甚至还教给了我们一些写作的技巧。

再比如，现在有不少读者喜欢写文章，却又不知道如何去写。那么学习唐宋八大家之一的曾巩的文章，也能够让你的写作能力快速提升。

很多人认为学习古人的文章，应该从苏轼、欧阳修这类大家的文章入手，其实不然。不仅是现代学者甚至是古代的人学习写文章的时候，都习惯从学习曾巩的文章入手，比如苏轼曾经为曾巩写过一首诗："醉翁门下士，杂遝难为贤。曾子独超轶，孤芳陋群妍。"

这首诗很好理解，意思是欧阳修门下水平高的弟子很多，但是欧阳修觉得曾巩的水平最高，曾巩一出现，其他的人都被比下去了。

为什么苏轼对曾巩的评价这么高，其实用 12 个字就能总结：恪守真理、逻辑严密、经世致用。

在写的每一篇文章当中，曾巩都恪守着一条准则，即一篇文章，要有一条逻辑严密的链条。换句话说就是，一篇文章，只要能论证清楚一个观点、一个真理就够了，多余的话，就不要说了。

这一点从一封他给欧阳修的信件中就能看出。那时候，他的父亲去世了，欧阳修为他的父亲撰写了墓志铭，为了表示感谢，他给欧阳修写了回信。

开头第一句，"去秋人还，蒙赐书及所撰先大父墓碑铭。"只是简单地把这件事情的起因写出来。

接下来，"反复观诵，感与惭并。"虽然只有八个字，但是其中蕴含的感情一份不减，把对父亲的怀念、对作者的感激、对作品的研读表达了出来。

接下来，笔锋一转，讨论了墓志铭的意义与发展："至于通材达识，义烈节士，嘉言善状，皆见于篇，则足为后法。警劝之道，非近乎史，其将安近？"

墓志铭其实和史书的意义相同，都是明善恶，墓志铭里的君子，将成为后世人的楷模。

但是，后来的人为了赞扬他们的亲人，就不顾真理。即使是恶人也能得到夸耀。以至于千百年来，流传于世的墓志铭很少，就是因为撰写铭文的人不公正。

该怎么解决这个问题呢？曾巩又说道："而其辞之不工，则世犹不传，于是又在其文章兼胜焉。"

首先要找到一个品行公正的人，但仅仅公正是不够的，如果他的文笔不好，碑文依然不能流于后世。

怎么办呢？"非畜道德而能文章者无以为也"，那就要找一个道德高尚、文笔出众的人。

　　然而，"数十年或一二百年而有之"，这样的人数十年甚至一二百年才能出现一个。

　　之后，曾巩引出"若先生之道德文章，固所谓数百年而有者也"。而先生您正是这样的人呀。

　　整条逻辑链连接得天衣无缝：

　　墓志铭和史书意义相同→墓志铭之所以没法流传是因为作者人品不好→只有人品和文章兼修的作者，才符合好的墓志铭撰写者的标准→这样的人几百年才能够出现一个→而您正是这样的人，遇到了您是我的幸运。

　　在结尾，曾巩继续升华了一下欧阳修的人格魅力。

　　"抑又思若巩之浅薄滞拙，而先生进之……则世之魁闳豪杰不世出之士，其谁不愿进于门？"

　　像我这样才疏学浅的人都能得到您的恩惠，那么世上那些俊伟豪杰、世不经见之士，谁不愿意拜在您的门下？

　　一连数个反问，总结升华。

　　曾巩没有一上来就表达对欧阳修的感激之情，而是先说明了什么样的人才是有德行和文采的人，之后再说欧阳修就是这样的人，最后对自己贫寒的身份能得到欧阳修如此的眷顾，表示感激。

　　曾巩既夸奖并感谢了欧阳修，又证明了自己夸奖的合理性，保持了儒家的礼节。

你看，从距离我们很遥远的古文中我们都能吸取到作用于当下的精华，更别说和我们很接近的其他现代经典了。

总体来说，阅读经典能够让我们吸取那些流传已久的、被忽略的底层逻辑，又能提升受经验束缚的能力，而这种能力恰恰是又一种智慧。

经典该怎么阅读

　　首先我们来谈第一点：我们经常接触的经典有哪些类型？

　　其实经典的种类十分繁多，可以这样说，只要图书有多少分类，就会有多少类型的经典。

有书经典共读的四大分类

　　我服务的公司有书将经典分为四个板块，并带领书友进行阅读。

　　第一个板块，人文社科。

　　人文社科是人文科学和社会科学的总称，包括文学、历史、哲学、政治学、经济学等类型，旨在培养书友的人文素养。

　　经典的领读作品有《大明王朝的七张面孔》《全球通

史》《苏东坡传》《哲学的故事》等。

第二个板块，情感故事。

这个板块中包含了很多故事性的作品，比如富有情感的文学名著，非虚构类作品以及部分心理学作品。

经典的领读作品有弗兰克尔的心理学著作《活出生命的意义》，勃朗特的小说《呼啸山庄》等。

第三个板块，工具方法。

有学以致用价值的工具书，也在有书经典共读的范围内。但有书遴选工具方法类书籍的标准异常严格，书籍中必须有牢固的理论框架和切实可行的方法论。

经典的领读作品有《卓有成效的管理者》《第五项修炼》《高效能人士的七个习惯》等。

第四个板块，认知思维。

新时代需要坚持与时俱进，新生的认知和科技也在不断地涌现，因此我们在读书时不可只沉溺于存量知识。

适当的获取新知会更有利于我们对经典的理解。

在这个领域的领读作品，我们往往会选择当年最流行的科技、管理方法、认知方面的书籍，为大家解读。比如说《心流》《世界观》《暗趋势》等。

在有书共读的书籍中，最受读者欢迎的一般有两类：

一类是能学以致用的工具方法类书籍，因为它们可以作用于当下，给予我们生活、工作、家庭关系很多的指导意义；另外一类就是文学类作品，而一提到文学作品，大家可能总会带着瞻仰的目光去看待它们。其实很多经典文学类作品并没有像我们想象的那样复杂。

以《百年孤独》为例，它被誉为"再现拉丁美洲历史社会图景的鸿篇巨著"，很多人看完它都说十分"烧脑"，但是如果你从三个方面进行阅读，那么看起来就会容易理解得多。

第一方面：理解性记忆。

我曾在"有书·阅读方法论"课程中引用过一位作者的一句话："倘若是为了方便理解，没有一本书是 300 个字说不出来的。"

比如《百年孤独》，可以用文学价值赏析的手法来概括：这本书描写了拉美的一个家族七代人的传奇故事，以及加勒比海沿岸那个虚拟的小镇马孔多的百年兴衰，结合神话传说、民间故事、宗教典故以及真实的背景，再现拉丁美洲一个世纪以来风云变幻的历史。

也可以用悬疑故事的手法来概括：一个跟自己近亲通婚的人，年轻的时候带着他的部下翻山越岭来到蛮荒之地

——马孔多，在此建立了一个小镇并从此定居下来，后来因为种种变故，整个家族的六代人包括这个小镇"灰飞烟灭"，甚至从人类记忆中消失。

如果你抱着消遣的目的阅读，书中的很多人名都不用记住，你就可以快速了解故事梗概。虽然这样做不能完整地吸收经典，但是你的目的已经达到，就是了解这本书。

另外，很多读者说这本书的人名重复太多，根本分不清谁是谁！

其实，可以将《百年孤独》中的几代人归纳为两个名字：一个是阿尔卡蒂奥，另外一个是奥雷里亚诺。

叫阿尔卡蒂奥的人，大多性格奔放，情绪主宰了他们的行为，他们大多数都与自己亲近的人发生了乱伦关系，而最终的结局，除了第一代族长以外，他们都死于非命，有的人被暴君杀死，有的人被歹徒溺死。

叫奥雷里亚诺的人，性格都很坚毅，自己认定的事情，几乎无法改变，而他们的结局往往是死于孤独。

如果想要缕清他们之间的关系，其实也很简单，只需要画个图就好了，很容易就可以分辨人名了。

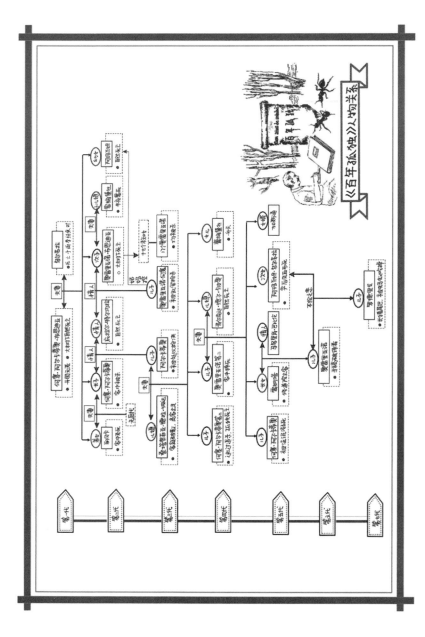

第二方面，学以致用，研究写法。

若是你抱着学以致用的心态来了解这本书会感觉很有收获。比如你想学习小说的写作手法，《百年孤独》的开头可是一个绝佳的范本！

它的开头是这样写的："多年以后，面对行刑队，奥雷里亚诺·布恩迪亚上校将会想起父亲带他见识冰块的那个遥远的下午。"

这个开头好在哪里？

作家许荣哲提出过这样的一个观点：这个开头之所以好，有两个原因。一个是表象的，一个是里层的。

表象的是，当我们读到第一个字的时候，就感觉从自己的时空掉到了小说的时空中。读完"多年以后"四个字的时候，我们又跟随着上校跳跃到了未来。然而他面对行刑队，开始回忆的时候。"想起"这两个字又把我们带到了过去。

仅仅开头的一小段话，就像速写一样一下子把主人公的前后数十年生命的轮廓描绘了出来。

如果你还把这样的写法看成马尔克斯纯粹的卖弄技巧，那就大错特错了。这个开头的好，还有一个里层原因。

马尔克斯一出场，就描绘出了上校的生命线，其目的是为了描绘出他生命中最重要的两件事：面对行刑队和冰块。

上校的一生都在"闹革命"，他经历过了 32 次革命的失败，一直到老了还要推翻政府。这样的一个人被行刑队差点枪毙一点儿也不奇怪，一切都是因为性格。

其实，他的性格特征很早就显现出来了。就是在他童年找冰块的时候，马尔克斯构建的场景是在哥伦比亚某个虚拟的地方，那个地方是在赤道附近，几乎不可能见到冰块。当小说中的主人公和哥哥第一次看见冰块时，父亲要两个孩子摸一摸这个冒着白烟、巨大而透明、以前从来没见过、充满未知凶险的冰块时，哥哥退缩了。

但是上校却勇敢地摸了一把，然后惊奇地叫道："好烫呀！"

一件看着不起眼的往事，就把上校的所有性格描绘出来，坚毅勇敢、不惧艰险。也正是这样的性格让他一次次走向了革命之路。

触摸冰块映射出了他的性格特征，而革命失败是他的命运。一大一小的两件事情完整地为"性格决定命运"做了诠释。

好了，在学以致用方面，除了可以把这本书当成学习写文章的范本，还可以把它当成是一个了解拉美一百年历史的范本。因为马尔克斯在书中使用了魔幻现实主义手法，背景和人物都是取材于现实。

第三方面，精神享受。

看《百年孤独》这本书不仅能感受魔幻现实主义的魅力，其中的许多金句也能够给我们内心带来强大的慰藉。

我在此摘录两句，给大家感受一下：

"过去都是假的，回忆是一条没有归途的路，以往的一切春天都无法复原，即使最狂热最坚贞的爱情，归根结底也不过是一种瞬息即逝的现实，唯有孤独永恒。"

"我们趔行在人生这个亘古的旅途，在坎坷中奔跑，在挫折里涅槃，忧愁缠满全身，痛苦飘洒一地。我们累，却无从止歇；我们苦，却无法回避。"

"很多人选择了向虚拟现实的魅力屈服，寄情于自我幻想，这纵然不切实际却更能与人安慰。"

虽然，我们在读的过程中，可能无法深入理解这些句子，但是却能产生强烈的共鸣。

这也是一些文学经典能够给我们带来的绝妙体验。

有书共读·四大分类书单			
情感故事	**人文社科**	**工具方法**	**认知思维**
《活出生命的意义》	《饥饿的盛世》	《新型冠状病毒感染的肺炎公众防护指南》	《黑天鹅》
《尘埃落定》	《鼠疫》	《哈佛幸福课》	《十问：霍金沉思录》
《活着》	《人类群星闪耀时》	《华杉讲透＜资治通鉴＞》	《我的世界观》
《好好告别：关于死亡你不敢知道却应该知道的一切》	《全球通史》	《如何科学开发孩子的大脑》	《思考，快与慢》
《孩子，别玩手机了：触屏时代的七个教育关键》	《哲学的故事》	《高效管理》	《六顶思考帽》
《真相与错觉》	《守夜人的钟声》	《正面管教》	《自卑与超越》
《流浪地球》	《无欲的悲歌》	《穷查理宝典》	《心智》
《骆驼祥子》	《漫长的告别》	《最重要的事只有一件》	《世界观》
《爱的艺术》	《中国文化课》	《被讨厌的勇气》	《事实》
《致女儿书》	《枪炮、病菌与钢铁》	《拒绝之书：365 种方法说不》	《七堂极简物理课》

深入经典 （做学问）

上节我们就《百年孤独》讲解了如何动用消遣、学以致用和精神享受三个动机来提升阅读经典。

如果能到这个阶段，你的阅读水平已经超越了 70% 的普通读书人，一旦到了这个程度，你的目的很有可能就是做学问，这样一来，你就会脱离阅读的舒适区，读书开始变得没那么快乐，甚至是枯燥。

不过一旦若有启发，哪怕是零星一点，之前所有的烦闷都将烟消云散，取而代之的是极大的成就感，颇有点陶渊明所说的"每有会意，便欣然忘食"的味道。

若要达到这种地步，便要动用第四个动机，即对这个世界的好奇心。

比如说对于经典，很多时候，读一两遍，你可能已经懂得了书中的故事情节，却无法真正体会经典的魅力。但是人天生有一个习惯，就是对于看过一遍的书，虽然有时候特别喜欢，但若仅仅是兴趣，很难再去翻看第二遍、第三遍。

那么，如何利用好奇心来深入阅读经典呢？我们可以通过四个步骤来深入阅读经典，从难到易。

第一步，找到一个能让你产生强烈好奇心的领域，或者是一个点。

说实话，在我高中的时候第一次读《百年孤独》的时候，并不喜欢。一方面，那时候我的理解能力有限，不能深入理解作者的用意；另一方面，这本书的确没有什么吸引我的点。

因此，我只是强撑着看完了这本书。

直到《霍乱时期的爱情》在中国正式出版，这本书的名字戳中我的内心。

于是，我翻开了这本书，却在其中发现了一个完全不同于魔幻现实主义的世界。

书中讲了这样的一个故事，有一个小邮递员弗洛伦蒂诺，爱上了一个富家女费尔明娜。这个时候的费尔明娜情窦初开，他们俩相恋了。但是费尔明娜的父亲嫌贫爱富，拆散了他们。当费尔明娜再次见到弗洛伦蒂诺的一瞬间，发现自己不再爱他了，于是他们就此分手。之后，费尔明娜和一位仰慕自己的医生乌尔比诺结婚了。婚后几十年的生活虽然充满了摩擦，医生也有过出轨的行为，但是依然有很多幸福的事情。而此期间的弗洛伦蒂诺，虽然在肉体上纵欲，但精神上依然为费尔明娜保持着"童贞"。在多年后的一天，年老的乌尔比诺医生爬到了树上，去抓逃出笼子的鹦鹉，不小心摔死了。

当弗洛伦蒂诺知道后，再次出现在费尔明娜的身边。经过多年的追寻，终于在经历了53年7个月零11天的日日夜夜之后，他们俩再次相恋。

马尔克斯说："这个世界起源于运河旁，如果没有那条运河，就没有爱情可言。"

然而在第一次通读完这本书时，我心里对书中的人物充满了怨恨与鄙夷，甚至有些后悔花时间看了些乌七八糟的东西。

我鄙夷费尔明娜的父亲"嫌贫爱富"，将相爱的两人生生拆散；怨恨费尔明娜无情，好不容易再见到弗洛伦蒂诺，却没有任何理由地拒绝了他；更加鄙视医生对爱情的藐视，用"出轨"违背了婚姻的誓言；还有弗洛伦蒂诺的心口不一，口中不停地说着要为费尔明娜保持"童贞"，却与622个不同的女人发生性关系。

总之阅读完第一遍给我带来的感觉是，书中不停地描写着人们对爱情的背叛使我很不适应。

可是，这本书似乎有很大的魔力，即使我对书中的人物有那么多的鄙夷与怨恨，却依旧无法抑制我再次翻阅它的冲动。

慢慢地，我对书中的人物产生了理解与同情。

我开始理解费尔明娜的父亲将女儿视若珍宝、不愿意将女儿交给一个前途未知的小子的心情；理解女孩发现自己朝思暮想的恋人，与自己脑海中的形象迥然不同时，突然不爱的决心；心疼弗洛伦蒂诺在爱情被摧毁后备受的折磨与煎熬。

慢慢地，我察觉到小说中刻画的人物都不是影子，都不是形象，他们都是活生生的人啊！

正是因为他们身上所带有的缺点、毛病以及不完美，才让他们可以真实存在。

我终于明白那些美好的、丑陋的、无论我们是否愿意承认的甚至鄙夷的，在两人对视的那一刻都算爱情。

可我依旧不明白，马尔克斯为何要向我们展示这些，恨不得为我们穷尽所有爱情的可能性。

直到我认真地琢磨了书的封面与扉页上写的两句话："这是我最好的作品，是我发自内心的创作"以及"自然，此书献给梅赛德斯"，我才有所感悟，或许他将自己分散在小说中的各个角落，而梅赛德斯是里面最幸福的费尔明娜。

他将人生中所有阶段最美好的爱情全部都献予她。

对于费尔明娜来说，青春时，有弗洛伦蒂诺对她的疯狂追求；中年时，有医生对她的爱护有加；甚至老年丧夫后，还有初恋对她的矢志不渝。

更难得可贵的是，书中的三个角色都有着对梦想、对爱情的坚持。没有一个人在爱情面前退缩，纵使百无聊赖、争吵不断或者孤独一生，都没有人愿意退缩，直到生命的终结。

医生临死前用尽全力地嘶喊出："只有上帝知道我有多爱你。"而弗洛伦蒂诺在夕阳迟暮的运河上，对阳光轻轻地说出："一生一世……"

这本书还有另外一个翻译的名字，一直在我心中萦绕不去，或者说我更喜欢这个名字：《爱在瘟疫蔓延时》。瘟疫随着运河在蔓延，爱也伴随着瘟疫，洒满了世界的各个角落。

正是因为对这本书的好奇，让我深深地对马尔克斯这个人产生了兴趣！

于是我进入了第二步，就是阅读马尔克斯的所有作品。当然，首先重新翻看那本《霍乱时期的爱情》。

我们可以把这个阶段称为"做学问"，即对某个体系的研究，这个体系可以是一个领域，可以是一个时代，当然也可以是一个人。

马尔克斯曾说过，有两本书写完，他感觉整个人仿佛被掏空一般，一本是《百年孤独》，另一本就是《霍乱时期的爱情》。

在第二次阅读《百年孤独》后，我再次为之震撼。

他的文字就像魔毯一样，带着我在那个世界的时间与空间中来回穿梭。虽耗费心力，却乐此不疲。

之后，我买回了他所有的中文版作品。

我发现他的大部分作品都属于魔幻现实主义，我也总结出了马尔克斯写作魔幻现实主义作品的一点点套路。

就拿《百年孤独》来说，一切都是从虚无中开始，一切又是在虚无中结束。刚开始，两个马孔多的"创始人"，最担心的就是孩子生出猪尾巴。妻子拒绝与老何塞同房，因此被村中人嘲讽，他在决斗中杀了一个人。从此，死者的鬼魂经常出现在他眼前。鬼魂那痛苦而凄凉的眼神，使他日夜不得安宁。于是他们带着朋友和亲人，经过两年的跋涉换了一个地方，并从吉普赛人那里得到了一个神秘的手稿。

而最终的结局正如第一代人担心的那样，家族繁衍至第七代，终于长出了猪尾巴，他是百年里唯一由于爱情而诞生的婴儿，他刚出生就被一群蚂蚁吃掉，母亲也因难产而死。他的父亲看到被蚂蚁吃得只剩下一小块皮的儿子时，终于破译出了梅尔基亚德斯的手稿。

手稿卷首的题辞是："家族中的第一个人将被绑在树上，家族中的最后一个人正被蚂蚁吃掉。"原来，这手稿记载的正是布恩迪亚家族的历史。在他译完手稿最后一章的瞬间，一场突如其来的飓风把整个马孔多镇从地球上刮走，从此这个村镇就永远地消失了。

看完几本书后，我发现马尔克斯的很多书籍，都是这样的一个写作逻辑，他在刚开始，用虚幻的方式就告诉了你一个更加虚幻的答案，使你在阅读的过程中对这个答案或者说预言，嗤之以鼻，觉得怎么可能。可能越读下去，你会觉得小说与真实的世界越是贴合，同样也就越对小说开头的预言不相信。

可是，结局却出乎了你的意料！它竟然真的以那种不可思议的方式结局。而且作者早就已经告诉过你！

纵观马尔克斯几乎所有作品，都隐含着这样一种方式。当你看完几本书后，明明知道这就是他的套路，你却依然沉迷其中，不断地对自己所知道的套路进行否定："嗯，这次一定不会是这样了！"

然而，结尾依旧如此。就如同我们辛苦地穿梭其中，跟着他的"圈套"前行，却乐此不疲。

我想这就是大师的经典能够带来的魅力吧。

说到"做学问"，无论是某个领域的大学问，还是纯属兴趣的小学问，都需要一点，即量的累计。

否则，你得到的感悟可能仅仅是偶然。

若是你真的对于某个领域有强烈的兴趣，我建议先从通读开始：每个领域最少通读 20 本书。

如果有些内容搞不懂，或者感觉到吃力，不妨先放一放继续阅读下一本。

当你读到一本能让你特别有感悟的书时，就开始进入第二步，精读，找到该领域的内在的底层逻辑。

第三步，继续泛读，为你建立的底层逻辑添砖加瓦。

第四步，扩展自己的知识边界，在该领域中找到更多、更经典的内容。

当你在该领域遇到瓶颈的时候，就应该去扩展别的领域，来辅助你突破瓶颈。对于这一点，我在后文中会详细阐述。

第 4 章
构建知识地图

打破阅读瓶颈 （提升视野）

从这里开始，我将讲解第四大部分：构建知识地图。

在这个阶段，读书不再是一件轻松的事情。

一方面，大部分读者已经进入了一个阅读的瓶颈，如果想要突破就需要耗费大量的时间和精力，去向外探求。另一方面，之前的三个部分对于一般的读者来说已经够用了，若是对书籍的知识结构没有那么强烈的渴望，对我们的世界没有那么的好奇，大部分人就会主动放弃探索的脚步。

在这里我要郑重声明：构建知识地图，并非是"做学问"，也没有想象的那么困难，其实就是为我们的价值观和认知观构建一个底层逻辑。我会在接下来的内容中，分四个部分为大家详细讲解如何构建属于自己的知识地图：第一，阅读视野类书籍；第二，迅速了解一个新领域——20小时学习法；第三，基础知识体系构建法；第四，输出阅读法，也就是大家比较感兴趣的拆解书籍法。

通过对这四个方法的学习，我会帮助大家建立一个认知的底层逻辑以及如何快速了解一个新的领域，甚至让你能从那些看起来没什么用的书中，汲取到意想不到的价值和收获。

前段时间，我在有书平台上上线的课程《阅读方法论》下面有书友留言，他问了这样一个问题："底层逻辑"这个词该如何解释？

之前，我看过很多人对这个词都做过解释，大部分的解释都十分冗长。我个人不太喜欢用那些冠冕堂皇并且看似高深的解释来概括一个问题。

其实举个简单的例子，你就能明白。底层逻辑就像是美国的宪法，它在 1787 年正式制定和通过。

自此以后，美国法律制度的基调正式建立起来，几乎没有什么大的改动，美国的每一任大法官，都会为自己能在宪法上打上一个小补丁为荣。

为什么我要用美国宪法来比喻，而不是用原则、核心价值观等内容直接解释呢？

原因很简单，因为底层逻辑不是一成不变的。在底层逻辑建立后，你会不断地用书本为它添砖加瓦，还有可能在某个时间，推翻其中的一块，就像忒休斯之船，只要一块木板腐烂了，它就会被替换掉，以此类推，直到所有的功能部件都不是最开始的那些了。

我们抛开那些哲学问题，不去讨论这艘船还是不是以前的船，但有一点我们可以确定，它依旧能完整地带我们通向知识的彼岸。

而底层逻辑的建立也并不是一蹴而就的，需要一个扎根的过程。

故而，我提出了上述四个方法，来辅助你构建阅读体系。

第一，阅读视野类书籍。

什么是视野类书籍呢？其实这个类别涵盖面非常广，人文社科、认知思维方面的书籍都可以算在其中。

为什么要拿视野类书籍作为根基呢？因为视野类书籍涉及的知识十分广泛。

就拿正统的历史书籍来说，它们不仅会告诉你当时的时代发生了什么大事，还会涵盖经济史、文学史、外交史、科技史等内容。

有时候读完一套历史经典，你不仅会对过去有一个全新的认识，还可以通过它进入新的领域，并为新的领域打下基石。

而其他的视野类作品，都能起到同样的作用。

第二，迅速了解一个新领域。

若要构建一个知识地图，大量地了解不同的陌生领域是必不可少的。我们在一个地方遇到瓶颈难以突破的时候，往往能在其他领域找到灵感。

在行业竞争特别激烈的当代，往往打败行业老大的并非行业的老二，而是一个外来者。

所以，想要构建知识地图，就必须要掌握多个领域的知识。

第三，基础知识体系构建法——知识大融合。

之后，我会教你如何把这些看起来互不相关的知识串联起来，形成一股强大的力量。

有本书叫《巨人的工具：健康、财富与智慧自助宝典》，书中提到了一个漫画家亚当斯，他说，如果你想取得卓越的成就大概就有两个选择。第一个选择是将自己在某个领域的技能练到极致，成为世界顶尖。但是这十分困难，很少有人能够做到。第二个选择就是把两个或者两个以上的技能，练到全世界的前 25%。这个就相对容易点。一旦你能把这两个技能结合起来做一件事，那就能取得了不起的成就。

比如亚当斯自己，他不是世界上漫画画得最好的人，也不是笑话写得最好的人。但是他的这两项技能都能达到世界的前 25%。

他把这两项技能结合到一起，画出了"呆伯特漫画"。

阅读和学习知识也可以如此，融合知识不仅能帮我们更有效地实现目标，而且往往会给自己带来其他的惊喜。

第四，输出阅读法。

这个方法就是大家比较感兴趣的拆解书籍法。对于读书这件事情，我一直提倡读写结合。无论是输入辅助输出，还是输出辅助输入，写和读这两个环节都必不可少。

一方面，拆解能够帮我们深入地了解那些晦涩难懂的经典内容；另一方面，写也是思考的过程，这个过程能帮我们将书中的知识与现实结合起来。

在后文中，我会和大家讲述如何通过输出来提升对阅读的理解。

视野类书籍如何阅读

上节中，我们已经就如何打破阅读瓶颈做了一个系统的阐述。

我们已经介绍过哪些书籍属于视野类书籍，接下来，我以历史书为例来进行详细讲解：如何通过阅读历史类书籍，来拓展我们的视野。

说到阅读历史类书籍，读者中立马就会分出两派。一种读者是酷爱历史，觉得历史十分有趣，甚至读书的时候只读历史方面的书籍；还有一部分读者，一提到历史头都大了，连忙说自己不会去读历史类书籍，因为读起来太枯燥了。

面对同样的内容，为什么会有这么多人有着截然相反的观点。

其实，在十几年前，大部分的历史书读起来的确很枯燥，让很多读者望而却步，若不是强烈的好奇心驱使，或者做学术研究，相信你一定不会刚开始阅读时就接触这一类书籍。

我问过身边很多爱读历史类书籍的朋友，他们是如何喜欢上历史的。

一般有两种情况，第一种情况是喜欢上书籍中的一个角色，然后凭借兴趣和好奇心两块动力基石，不仅探索了人物的背景，也探索了他所处的时代，甚至读完了东西方所有相关的通史。

第二种情况是好奇心的驱使，通过看历史题材的影视剧，从而对剧中的时代背景产生强烈的探索欲。

总体来说，就是以兴趣作为切入点，用好奇心启发阅读动力。

而我喜欢历史的原因，和很多男生一样。在上小学的时候，我看见老爸在玩一款叫《曹操传》的游戏，当时我也玩了下，就对曹操这个人产生了强烈的兴趣。

然后，我就翻看和曹操有关的史料，摘抄他的诗句，逐渐对三国乃至整个中国历史，均有涉猎。

有些书友可能会问："这些历史书我根本读不进去怎么办，我也没有遇见过什么能引发我的好奇心的点。"

我之前做过几次实验，就是将一些历史上的故事转化为生动有趣的漫画，然后写成文章，发布在微信公众号上，结果每篇文章都有超过 10 万的阅读量，不少朋友在下面留言说："啊，要是我上学的时候，老师能这样讲课，我历史或许就可以学好了！"

你看，所有的核心，都是围绕历史是否有趣这点上，若是有趣，相信会有更多的人愿意学习历史。

不过值得庆幸的是，在这些年，通俗类的历史书籍越来越多。

这类历史书籍不同于那些传统的历史书，没有那么多生僻的术语，每一本书也几乎都有着明确的主题。用生动幽默的语言来讲述历史，并还原当时的细节。甚至有很多历史书，比小说都要好看。

因此，这类书籍是历史入门的绝佳读物。比如想要了解明史就可以阅读张宏杰先生的《大明王朝的七张面孔》，或者黄仁宇先生的《万历十五年》；想要了解中国通史则可以读钱穆先生的《中国通史》；想要了解欧洲的古代史，则可以去阅读盐野七生的《罗马人的故事》。

总之，在图书市场上，这种通俗类史书覆盖了古今中外几乎所有的历史内容。

阅读历史类书籍的三点建议

那么问题来了，历史类书籍应该怎么读呢？

第一个要注意的点是，在读历史类书籍的时候，一定要放下是非观。

放下是非观就是不要用是非善恶作为唯一对历史人物和事件的评价标准。否则历史类书籍就仅仅如同一部小说，甚至还不如小说给你带来的价值和愉快的体验多。

举个简单的例子，你在公司工作，来了一位新同事，若你只以个人的素质或者你认为的道德标准来判定这个人是好人还是坏人的话，那极有可能给你造成强烈的苦恼。

如果你判定他是坏人，或者说你对他有意见，特别是在你跟别的同事说出对这个人的判断之后，通常自己的潜意识会主动寻找各种证据来证明你的推断，甚至他一个小小的举动，都会让你感觉他对你暗含着不屑与轻视。

就算你判定他是一个好人、一个友善者，也会影响你的思路。你可能无法拒绝他向你提出的要求，甚至是有点不合理的要求。

总之，在你做了是非善恶的判断后，无论是好的还是坏的，你都会为你的认知关上一扇有其他可能性的门。

就拿三国这段历史来说，如果你判定曹操是一个奸臣，那整个三国的历史就会变得异常简单：曹操利用挟天子以令诸侯的优势，乘机夺取中原，平定河北，并自封丞相，居功自傲。最终在赤壁被孙刘联军打败。曹操去世后，其子曹丕谋朝篡位，建立魏国。若干年后，魏国灭蜀，然而魏国自食其果，被司马氏取代，建立晋朝，晋朝吞吴后，三国一统。

若是这样，你的确了解了历史的梗概，然而对你拓展视野没有任何帮助，你的认知瓶颈依然没能被打破。

第二个要注意的点是，既要明是非，也要做假设。

中国传统的历史教育，和西方传统的历史教育有一个很大的不同点。

那就是，中国传统的历史教育更多的作用是，用历史来明是非。比如孔子编著《春秋》的目的，就是鉴别是非，所谓《春秋》出，乱臣贼子惧。直到宋朝，还有不少法官都依照着《春秋》中的标准来断案。

西方传统的历史教育，更多的是注重思维方法和科学研究的训练。《文明之光》的作者吴军博士说过这样学历史的三个好处。

首先，能让我们清楚自己所处的位置，并且看清楚未来的方向，以便能站在更高的格局看待问题。

其次，可以锻炼读者的分析、写作能力。比如分析华盛顿对于历史的作用，但是不存在绝对正确的标准答案，只有好的答案和不好的答案。你可以说华盛顿是一个了不起的英雄或伟人，也可以说他就是一个维护白人利益的奴隶主。不论怎么说，都要立意清晰，证据充分，分析得有理有据，结论必须是由证据自然推演出的逻辑结果。

此外，有助于我们了解今天世界文化的多样性，培养自己的包容力。

因此，学习历史时明辨是非固然重要，但对于个人来说，更重要的是如何提高自己在这个时代向上生长的能力。

第三个要注意的点是，要抱着"理解之同情"。

有很多历史学家都有这样的一个观点：我们读历史，要抱着"理解之同情"去体会每一个历史人物的不得已。

这样，我们就能在融入当时历史环境的前提下，来对自己的认知进行训练。

比如曹操的军队为什么能够在乌巢战胜袁绍的军队。大部分历史学家认为，是因为许攸的叛逃让曹操的军队袭击了乌巢，烧毁了袁绍军队的军粮，才大获全胜的。

可是，还有一部分历史研究者提出这个观点存在的漏洞：为什么两者同时没有军粮，袁绍的军队溃败了，而曹操的军队却没有。

当然对这个问题进行解答的人有很多，其中一个主流的观点就是，曹操"奉天子以令不臣"带来的内部凝聚力，大家注意，是"奉天子以令不臣"，而不是"挟天子以令诸侯"，后面这个说法，是《三国演义》的作者给曹操贴上去的标签。

其实我们在读历史的时候，无论作者提出的结论，是否颠覆了我们的认知，只要他的逻辑能够自洽，大家都不妨看下去，看看他如何来证明他的推断。

就如同吴军博士说的那样，学历史就是做研究，就是给你一个问题，你把这个问题解决掉。你自己去找一些证据，证实你的观点，这就是做研究。

在这个过程中，我们可以以不同的视角用辩证的眼光去看待自己身边的一切，更好地接纳存在不同观点的书籍，也可以让自己在现实中面临抉择时，以辩证的思维，去做出最有利于自己的决定。

如果使用这套方法来读历史，你会发现不仅可以增长见识，还会为你的生活增添很多趣味。

比如我有一个很喜欢的历史人物，是"唐宋八大家"之一的王安石。而使我全面了解他，则是受到了另外一个大人物的启发。

1908 年，梁启超 36 岁，距离戊戌变法失败，已经过去了整整十年。

1907 年 10 月，梁启超等人在日本东京成立了政闻社。不到半年，政闻社就从东京迁到上海，远居海外的梁启超只得遥控指挥。

1908 年 8 月 3 日，慈禧太后将梁启超再次定为"忤逆"要犯，刚刚成立的政闻社被迫解散。

那时候的梁启超，已经是五个孩子的父亲，家庭开销巨大，入不敷出。如果不是友人的救济，一家人的生活可能都无法维持。

拮据的生活并没有让梁启超放弃自己的政治梦想。他一边继续通过书信，为国内的立宪运动摇旗呐喊；另外，他还在准备一件大事，出一本书，为一个被抹黑千年的改革者洗刷冤屈。

梁启超有一句评价这位改革者的话："若乃于三代下求完人，惟公庶足以当之矣……国民之视公何如，吾每读《宋史》，未尝不废书而恸也。"

梁启超的意思是说："如果要在尧舜禹三代之后，寻找一个完人，那么只有他可以担任。然而这样的人物，却蒙受了天下人的指责和辱骂。甚至到了几百年后的今天，他的冤屈还没有被洗刷。所以我每次读《宋史》都伤心得读不下去，失声痛哭。"

而这个改革者，就是王安石。梁启超在他潦倒之际，也要完成的书叫《王安石传》。

说到这里，大家可能产生了疑惑，王安石不是"唐宋八大家"之一吗？不是赫赫有名的"王安石变法"的领导者吗？这样的改革先驱，人们为他鼓掌喝彩还来不及，怎么还需要梁启超给他平反呢？

其实，在"王安石变法"开始到之后的八九百年之间，人们对于王安石的否定远远大于对他的赞赏。

首先是同朝为官的人对他的否定。

比如三朝元老韩琦在宋神宗向他询问"王安石这个人怎么样"时，他就说："安石为翰林学士则有余，处辅弼之地则不可。"

意思是：王安石这个人，当个翰林学士还绰绰有余，但是你要让他来辅弼您（变法、改革），这可万万不可。

你可能会说，韩琦在当王安石上司的时候，就看王安石不顺眼，他说的话不算数。

那我们再来看看，"唐宋八大家"的另一位——苏洵是如何评价王安石变法的。苏洵写了篇文章，叫《辨奸论》，也就是教你如何辨认奸臣，里面有一句话："今有人，口诵孔、老之言……收召好名之士、不得志之人，相与造作言语，私立名字……是王衍、卢杞合而为一人也。其祸岂可胜言哉？"

意思是：现在有些人，满口孔子、老子的话，收罗了一批追求名声和不得志的士人，相互制造舆论，私下里却互相标榜。这是王衍和卢杞（弄权、祸国之人）的结合体。他在社会上酿成的祸还能说得完吗？

其次是后世的人对他十分否定。

宋高宗曾说："王安石自任己见，非毁前人……天下之乱，实兆于安石，此皆非神祖之意。"

宋高宗不仅把北宋灭亡的责任归结到了王安石身上，还把"熙丰变法"改名为"王安石变法"，说王安石这个人一意孤行地蒙骗自己的祖宗，他就是天下之治乱的根源，而并不是自己的祖宗神宗皇帝的意思。

我们再看看，被陈寅恪先生称为"有明一代，才德无可匹者"的明朝文学家杨慎是怎么说的。

他说："神宗之昏惑，合赧亥桓灵为一人者也。安石之奸邪，合莽操懿温为一人者也。此言最公最明矣。求之前古奸臣，未有其比。"

意思是说："宋神宗昏聩到什么程度，就是把周赧王、胡亥、汉桓帝、汉灵帝合为一体，才是宋神宗。而王安石也是聚集了王莽、曹操、司马懿、朱温的奸邪。我这句话说得是最公平、最严明的，古代的奸臣没有一个能和王安石相比。"

这些还不算完，苏轼、范纯仁、富弼、朱熹等历史名人，都对"王安石变法"有极其负面的评价。有一个评价甚至把王安石批评得体无完肤，罗大经在自己的笔记《鹤林玉露》中说："国家一统之业，其合而遂裂者，王安石之罪也；其裂而不复合者，秦桧之罪也。"

意思是说，让统一的天下变得分裂，这都是王安石的罪过；而国家分裂之后无法统一，这是秦桧的罪过。

你看看，直接把王安石和秦桧进行类比了。

可是，王安石真的如同这些人说的那样不堪吗？

"王安石变法"之失

王安石这个人，私德和才华没有什么可以挑剔之处。他未满二十三岁就高中进士，勤俭节约、孝顺母亲、一心为公。宰相文彦博、欧阳修都对他极为赏识。

朝廷也多次提拔他到京城来当人人都想做的"京官"。可是王安石却屡屡拒绝，据他自己说是因为自己的资历尚浅。

他在地方的政绩也的确突出，主张"发富民之藏"以救"贫民"。在进京述职的时候，王安石撰写了一篇《上仁宗皇帝言事书》，阐述了北宋积贫积弱的现实。这也为他多年以后入朝主持变法，埋下了伏笔。

就在王安石被骂得最惨的时候，他的劲敌司马光都忍不住在《资治通鉴》里为他说话："人言安石奸邪，则毁之太过；但不晓事，又执拗耳。"意思是说，如果说王安石这个人奸邪，这种诋毁实在是太过了些，他只是不晓事理，又太过执拗罢了。

其实说到底，"王安石变法"为什么失败和为何被辱骂千年，无非有以下几个原因。

"王安石变法"为人诟病的第一个原因：王安石性格太过执拗，得罪了很多人。

刚才我们说过，有个被他得罪的长官叫韩琦。他们曾一起在扬州共事。

王安石有个习惯，就是特别爱学习，每天通宵达旦地读书，早上不洗漱、不梳妆就直接去办公了。

韩琦恰好是一个特别讲究仪表的人，看见年轻人每天早上都是这种模样，他才不会认为王安石是在通宵达旦地学习呢，肯定是去花天酒地了。于是就经常教育他。

要是普通的年轻人，可能赶紧去解释一下。王安石却不这样，坚决不解释，私下里还和同僚说过这样的话："不了解我的人，我不会跟他解释，我继续坚持自我。"

你说这样的性格能不得罪人吗？以至于有不少人对王安石的诋毁只是为了表达自己内心对他的不满。

"王安石变法"为人诟病的第二个原因：王安石用人行事过于独断专行。

王安石的用人情况可以分为以下几类。

第一类是变法的发起者，因利益分配问题，中途离开。

有一个人叫陈升之，被王安石举荐为宰相。但是后来，因与王安石对设置三司条例司看法不一，并且新法受朝臣反对，便托病归卧百余日。说白了，陈升之没有拿到既得利益，就撂挑子不干了。

第二类是刚开始支持变法，但是因提出意见，被王安石排挤的人。

说到这点，不得不说王安石有点矫枉过正。在变法内容公布后，他不仅不允许别人反对变法，甚至对他的变法有改进意见的人，他都要排挤。他觉得这些的做法使新法的权威性和执行效率产生了动摇。

比如提携王安石的欧阳修，在执行青苗法的时候，对新法提了一点意见，就被王安石排挤，并且王安石还跟别人说："修，善从俗流。"

第三类是投机主义者和落井下石之人。

比如有个叫邓绾的人，看王安石当时很受重视，就上书给皇帝，欺骗皇帝说新法取得了非常好的效果。神宗皇帝高兴坏了，就提拔了他。

老家的人知道后，骂他恬不知耻，他回答说："笑骂从汝，好官须我为之。"随便你们怎么骂，好官我当了。

第四类是"王安石变法"的坚定支持者，比如吕惠卿。刚开始吕惠卿因和王安石政治理念相合而获得王安石的器重，在变法方面取得了较为显著的成绩。但是在王安石离任后，吕惠卿却为了保证自己的地位极力打击王安石，甚至诋毁王安石不忠。

于是这就形成了一个死循环，君子有一说一，对变法颇有微词，就要遭到罢免，王安石不会去用；而小人对变法带来的影响很恶劣，然而王安石却不得不用。

"王安石变法"为人诟病的第三个原因：王安石的理念太过超前，北宋还没有能承载新法的机构。

就拿新法中最著名的青苗法来说。

青苗法可以简单地解释为以下内容：青黄不接的时候，农民不用在民间借高利贷了，国家给其发放低息（虽然是20%的利息，但是在当时社会算很低的了）的农业贷款，等到收获时节再还上就好了。国家每年正月和五月各发放一次。

王安石在颁布这条青苗法的时候，就是为了防止地主在青黄不接时，趁机发放高利贷盘剥百姓，造成土地兼并和农民流亡或逃亡的恶果。

你可能会说，这不是挺好的吗？多为老百姓考虑。其实细想一下，它的弊端更大。

首先，宋朝时期官府的财务状况并不透明。在推行的过程中肯定要经过官府，很容易造成贪污现象。

其次，不是钱借出去了百姓一定能还上。新法把民间借贷的偿还能力想得太高了。在民间，未经法律许可的借贷，都会造成很多惨剧，更何况是官府借给你的钱。

再次，青苗法的施行，算是对官员的考核。站在官员的角度上，发放不出去贷款就是督办不力；发放下去了，收不回来就是渎职。那么，很多官员只有强行摊派、强行征收，万一遇到饥荒，还不上钱的农民又得去借高利贷。

另外还有一个问题，就是那些根本用不上贷款的大户人家，也被牵扯其中。你不是大户用不上贷款吗？那行，我把这些项目都承包给你。你当保证人，发放给需要接受贷款的人，一旦贷款还不上，就得让保证人还。

于是新法的推行，不但使农户还不起贷款，也让大户人家为了担保而不得不为还不起贷款的农户还贷，甚至变卖家产去还贷，这样就会使穷户更穷、富户也变穷，社会反而更加不稳定。

"王安石变法"为人诟病的第四个原因：引发了北宋后期的党争。

在新旧党刚刚形成的时候，由于党魁王安石、司马光等人还算君子，没有引发太恶性的争斗。

后来，宋神宗病逝，宋哲宗即位，司马光开始罢黜了新法，改革派人士几乎全部遭到贬谪。

之后，宋哲宗亲政，又恢复了宋神宗的新法，剥夺了司马光等人的谥号。到了宋徽宗时期，新党的代表人物大奸臣蔡京专权，把司马光、文彦博、苏轼、黄庭坚等 309 人列为奸党，将其姓名刻石颁布天下，史称"元祐党籍碑"。

这场闹剧一直持续到南宋的开端，也就是宋高宗赵构彻底将"王安石变法"钉到了历史耻辱柱上，才截止。

天才的结局

王安石二次罢相时，已经五十五岁了，皇帝依然给他保留了宰相的待遇，并且对他的生活极度关心。然而他却想逃离政治纷争，希望像一个平常的老人一样融入生活。

他对曾经的政敌——苏轼十分关注。一旦有人从苏轼所在的地方来，他都会迫不及待地问他："苏子瞻最近可有新作？"

有一次，苏轼在黄州写了一首诗《雪后书北台壁（其二）》，其中有一句："冻合玉楼寒起粟，光摇银海眩生花。"

王安石大赞，他的女婿就问："这句诗好在哪里，我完全不懂呀？是不是下雪了把玉楼冻得起了米粒儿，又把海冻成了银海？"

王安石说："苏轼用了两个道教的典故，典故是，把人的肩膀称为玉楼，把人的双眼称为银海。"

所以这两句是说，天太冷了，冻得肩膀缩起来，起了鸡皮疙瘩。雪太白了，照得眼睛都花了。

后来苏轼自己承认，玉楼和银海，好多人都没理解，以为是蔡卞（王安石之婿）的那种解释。苏轼到了金陵后，也去见了王安石，王安石骑着那头有名的驴，在江边等他。

两人对诗言欢，苏轼甚至说道："如果十年前我就知道，您是这样的人，我就在您的门下求学了。"

在山水之中，两位曾经的政敌，一笑泯恩仇。

1085 年，王安石变法的最高支持者宋神宗去世。仅仅几个月期间，司马光和高太后就尽废新法。次年的四月，王安石在江宁病逝。同年，王安石的死对头司马光，也在家中病逝。

你看对于王安石这个历史人物，如果你不放下是非观，怎么评价他都不合适吧？

迅速了解一个领域
——四步学习法

　　有时候，我们在了解一个新领域的时候，往往不知道怎么入门，于是就从一些基础性的内容开始阅读，事实上，大部分人都是随便查找翻阅。

　　如果我们只是为了培养兴趣，或者满足简单的好奇心，那么这样做倒也无所谓。

　　可你一旦有了一些清晰的目标，再随便翻阅就不行了。一方面，这会耗费你大量的时间；另一方面，你可能选择了一本写得很细枝末节的书，达不到既定的目标。

　　这时候，掌握一个高效的学习方法就显得格外重要。

　　通过以下四个步骤的学习，我们就可以利用20%的时间高效学习80%的知识，并且能够将知识吸收，甚至用自己的语言复述演讲。

第一步，大量泛读

首先，应该抽出整段时间，选择一个较为安静的环境。如果平时阅读的时间不是太多，可以利用下班后的时间，至少用两三个小时进行系统思考。

其次，确定好你要学习的领域后，进行高强度的学习，选择该领域内三本公认最好的书。比如在自我管理领域，那就可以选择德鲁克的书阅读。而他最核心的三本书就是《管理的实践》《卓有成效的管理者》和《创新与企业家精神》。很多人说过这样一句话，你若不是做学问，只是想要学习自我管理，琢磨透德鲁克的思想就够了。而德鲁克的亲传弟子那国毅老师在《有书·自我管理课》中也曾说过，若想了解德鲁克思想，琢磨透这三本书也就够了，因为他的其他作品全部都是这三本书的扩充和解释。

在泛读的时候，就可以使用我之前教大家的方法：设置你的阅读目标；了解书籍的背景；精读目录；适当地略过故事和案例；标记概念和结论，并且在阅读第二遍的时候，整理出来；系统地回顾，并尝试用自己的语言去转化标记的概念。

第二步，建立关联

你可以从《卓有成效的管理者》中学习到几个理念：化资源为成果才是卓有成效，卓有成效是可以学会的，在知识社会中每个人都是管理者。

这时候，你要进行进一步拆解——修炼卓有成效的方法是：讲解—分享—实践。讲解的目的是使人获取知识，分享可以加深对知识的理解，唯有实践才能化资源为成果。

而卓有成效的管理者的五项修炼要素为：时间、贡献、长处、要事、决策，我们可以将其转化成抽象化的公式——时间 + 贡献 + 长处 + 要事 + 决策 = 卓有成效。

我们可以把这些标注出来的理念、关联和公式贴在白板上，然后进行修正。

之后再运用自己的话得出自己对自我管理的认识，比如：

管理能力不仅是社会和企业需要的能力，同时也是衡量一个人才能的重要标准。因此每一个人都是管理者，衡量自我管理是否有效，德鲁克为我们提供了六个字的标准，那就是"化资源为成果"。

当你可以做到这一点时，至少可以得到五个方面的能力提升：第一，最大化利用时间；第二，清楚地知道自己的目标和对社会的贡献；第三，善于发挥自己与他人的长处，促进目标的实现；第四，能够专注于要事；第五，容易做出有效决策。

而上面的每一点都可以通过讲解知识、分享案例、实践来实现。

如此一来，对于德鲁克的自我管理思想，你可以初步建立起系统的知识框架。请记住我们的前提，我们只用了很短的时间，就得出了上面的知识框架。

第三步， 求助专家

当我们遇到一些东西想不通时，不要闭门造车，立马去求助专家，这个专家可能是对该领域比较精通的人，也可能是你的朋友或者老师。

比如《李叔同传》中提出了一个修行佛学的概念，叫"教净双修"。然而，当我上网查询这个词的意思时，只能找到"禅净双修""密净双修""禅密双修"这些名词，却查不到"教净双修"这个词，所以我一度认为这是作者的笔误。

　　这时候，就可以请教专家了。比如我请教了有书国学院院长黄向军老师，他对佛教文化十分了解。他说，"教"指的是佛教本身，李叔同立身净土宗，精研律宗，严格守戒，过午不食，不骛名利供养，一双僧鞋、一把雨伞、一床薄被能用二三十年，太虚法师曾誉他"在中国僧伽中可说是持戒第一"，因此称为"教净双修"。

　　你看，我苦思冥想了半天，查许久资料未得的结果，专家用一句话就点拨了，求助能力其实是一项特别重要的能力。

第四步，尝试复述

　　这时候，我们就可以通过"有书·知识复述法"进行练习，在合适的时机跟朋友们分享。记住一点，遇到卡壳的地方，一定要重回书本再次阅读！

基础知识体系构建法

  我们在日常生活中接触的知识，很少有孤立存在的情况。然而，由于学科分类对我们的影响，我们在看待它们的时候，总会不自觉地将它们分门别类。

  其实当我们了解很多领域之后，很多知识依旧是分散的。

  就拿历史来说，很多人通读了东西方的历史，但在他们的意识里，东西方历史依旧属于两个体系。

  比如古罗马和大秦帝国，虽然有很大一部分历史阶段处于同一个时期，可是在大多数人的印象中，却找不到什么联系。

  这个时候，东西方的历史对于我们来说是没有交界的，我们需要通过寻找两个领域之间的连接点将它们串联起来。

知识融通的两大好处

第一个好处，方便我们对串联起来的领域产生更加深入的理解。

比如西方有本政治学著作《君主论》（作者是马基雅维利），听名字大家可能都感觉比较熟悉，但是我身边读过这本书的人却不多。大家给我的反馈就是，这本书的内容像是一条一条的概念，读的时候感觉是在读一本历史教科书，而且书中例举的很多历史人物大家都不是很了解。

其实，如果这时候，你拿中国历史中的君主来与马基雅维利的《君主论》做对比，就能很快理解这本书到底在讲什么，以及它为什么能够被欧洲君主奉为必备的枕边书。

比如其中有一点，马基雅维利认为君主集权制比分封制更容易让君主获得臣民的爱戴。

对此，马基雅维利认为，西方有史以来的君主，主要采取了两种统治手法。

第一，分封诸侯，这是一种极其不稳定的手法。

大多数诸侯都是世袭制，而他们也拥有自己的国家和臣民，这些臣民把诸侯奉为主人，反而对君主没有感情。为此，西方的封建制系统一直流传着一句话，叫"我附庸的附庸并不是我的附庸"。

中国在春秋战国时期也是这样的一个状况，当时各国的臣民只对自己的国君效忠，几乎没有人把周天子当回事。

以至于金庸老先生在射雕英雄传中，借黄蓉之口，嘲讽当时的政治状态："当时尚有周天子，何事纷纷说魏齐？"

第二，由一位君主和一群臣仆进行统治。

大家注意，是君主和臣仆（既是臣子又是仆人）。这样，臣民们对他们的君主会更加尊重，因为他们认为在全国至高无上的只有君主。

这就有点类似中国明清两朝的封建集权制。在明朝，国家由皇帝和内阁统治，而内阁又完全听令于皇帝，到了清朝更甚，大臣们全部沦为皇帝的家奴。

这就很好地解释了，为什么明朝著名的嘉靖皇帝长期不理朝政，朝局却依旧能完全地掌握在他的手中。

另外，马基雅维利还提出一点，君主一定要拥有自己的军队。

这一点大家似乎很难理解，难道在古代军队不是掌握在君主手中吗？

的确，在中国古代的王朝中，几乎每一个皇帝都拥有属于自己的军队。特别在宋朝以后，军队几乎只掌握在皇帝自己的手中。

可是在欧洲，特别是当时的意大利，却并非如此。当时有很多君主自己是没有军队的。

比如雅典人后期和斯巴达人打仗时，有90%的军队都是雇佣军。而罗马人的死敌，迦太基人使用的全部是雇佣军。这样做的后果是，雅典人不得不投降，而迦太基人的国家走向了灭亡。

第二个好处，纠正我们的误区，起到"他山之石可以攻玉"的作用。

比如说，如果只看教科书，我们通常认为唐太宗是一位伟大的君主，特别是开科取士后，他站在城墙上，看着纷至沓来的士人学子涌入城中，不禁感叹道："天下英雄尽入吾彀矣！"

看到这句话，我们感觉他太有气魄了，唐太宗真不愧是一位雄主！

其实，如果我们对汉字的具体含义比较了解的话，就可能不会发出这样的感慨，甚至对于唐太宗有些质疑。

"彀"这个字比较复杂，在《说文解字》一书中，是这样解释的：彀，张弩也。也就是拉满弓的意思。

那整句话的意思是什么呢？天下的英雄都进入了我的弓箭射程范围了！换句话说，天下的英雄都被我控制了！

如果从这个角度来看，我们更应该辩证地去分析唐太宗这个人，以及对历史的记载提出疑问了。

同时，自己也可以形成这样的一个价值观：世界不是非黑即白的，我们要用辩证的思维看待许多事情。

链接知识的两个方法

说了这么多，我们应该如何链接自己的知识呢？

在这里，我给大家提供两个容易理解的方法。

时间线串联法

学习不同学科的知识时，我们仿佛很难找到相关性。这时候，我们就可以根据时间，来将其串联起来。

我在读春秋历史的时候，一直想不通一个问题，就是为什么当时诸侯的大臣没有一个向周天子效忠的？后世无论在哪个朝代，在王朝被奸臣夺权的时候，或多或少都会冒出来几个忠臣。比如东汉末年，汉献帝的处境和周天子一模一样，但是汉献帝的身边依然有很多愿意为他舍生忘死的臣子。

这个问题我一直想不通，于是我根据时间，找了当时的一些经典读物。通读后，我才发现当时所说的忠君，并非指的是忠于周天子，而是忠于自己的上一层。每一个人都为上一层负责，而不能越级负责。

就如同，我附庸的附庸，并非我的附庸。

关键点串联法

关键点可以指代的内容有很多，比如人物、事件、地点等。

历史上有很多领域，都会在某个特定的时期有一个结合点。

比如上文说的经和史的结合。

再比如在很多人的观念里，宗教与科学没有相关性。但是，我们就会有一个疑问：为什么西方几乎所有伟大的科学家，都有自己的宗教信仰？

倘若我们没有一个聚焦点，很难将这两个领域联系起来。

如果我们选择一位伟大的、有宗教信仰的科学家作为关键点，或许可以轻而易举地解决我们的困惑。

比如说大名鼎鼎的艾萨克·牛顿，他不仅仅是一位伟大的物理学家，而且是一位虔诚的宗教徒。

就像他发现了万有引力后，将这个发现归功于上帝："重力解释行星的运行，但不能解释谁使行星运行。上帝治理万物，知道一切可做或能做的事。"

通过以上内容我们可以发现，当时的科学家，几乎都有一个价值观，他们的使命就是破译上帝隐藏在宇宙中的密码。

当然，这点扩展起来就无休无止了，在此不再就这个话题与大家进行讨论。这里只是提供给大家两个可以操作的融通知识的方法。

一个是线，另一个是点，它们之间彼此支撑、互相关联，形成一张可以网罗知识的网，帮助你成为更好的自己。

输出阅读法

当我们有了一定的知识积累后，写作输出也是一种很好的方式，其中有一种写作形式就是拆解书籍。

首先要澄清一个观点，我们之所以要拆解书籍，不只是对书籍内容做简单概括，不是为了要把一本书"嚼碎"了，分享给不想读完整本书的读者，而是在此基础上，加深自己对书籍的理解，并写下来；同时，帮助读者加深对书籍的理解，激发读者的阅读兴趣，并给予他们启发。

在具体的拆解方法上，建议简要提炼和总结书中较有价值的内容，并穿插对书中故事的思考和看法，可以提出有身份代入感、有痛点的问题，迅速让读者进入阅读状态。

同时，注重启发性和趣味性，拆解内容要干货十足，夹叙夹议。最好的比例是"叙"（原文的东西）占30%，"议"（对书籍内容的思考）占70%。

流水账式地重复书籍内容，只会对读者的阅读兴趣造成影响。对于自己而言，也仅仅是抄了一遍而已。

总之，可采取"引用原句—提出问题—强调核心观点"的形式进行拆解，不要写流水账，文章可以结构化，不断地强调观点和总结，这样才是一篇合格的拆解文章。

综上，我们拆解书籍的宗旨应该是：让读过书的读者收获新东西，让没读过的读者产生阅读此书的兴趣。

目前在有书，拆解书籍的方式有很多，下面介绍一种常见的拆解方式。

一本书需要拆解成十二篇文章：一篇预告、十篇正文、一篇总结。

拆解书籍的预告是对整个书籍的概括，起到前瞻的作用。下面就以预告为例，详谈拆解书籍的入门方法。

预告建议分三部分撰写。

1. 导语

导语是对全书的简要介绍，可以向读者展现书籍的魅力所在。

2. 五到十个主题点

主题点建议按章节进行拆解，要具有悬念和趣味性，吸引读者阅读。这一环节可以锻炼自己总结概括、提炼主题的能力。

3. 结语

结语是预告的收尾，在拉近与读者距离的基础上，引起他们的阅读兴趣。

导语的开头可以用很多种方式，其中一种方式就是共情。

比如我在拆解《大明王朝的七张面孔》时使用的开头就是：

历史的赞歌应该献给那些主动拥抱文明，甘愿奉献血统，不求留下姓名的人们，无论他们是华夏还是蛮夷。历史的天空会同情迫不得已的人，同情随波逐流的人，同情屈辱挣扎的人，无论功过，无论是非。

这样写一方面达到了共情的目的，另外一方面也宣扬了本书的价值观：抱着理解之同情，体会每一个历史人物的不得已。

导语的第一部分需要把本书的一个核心观点表达出来：历史的两面性。

比如提到明朝，无数光芒围绕在我们华夏民族的头顶：

《永乐大典》，永宣盛世，明代长城，郑和下西洋，万国来朝。

但同时，我们脚下又踩着污秽不堪的淤泥：

闭关锁国，文字狱，土木之变，贪官酷吏层出不穷，民不聊生。

人们都说，读史以明志，读史以吸取教训。可是历史却总是惊人的相似，前人犯下的错误，后人在不断地进行复制。近代也是如此，只是剥削人民的对象由皇帝变成了军阀和列强。

怪不得黑格尔说过一句话：人类从历史学到的唯一的教训，就是人类没有从历史中吸取任何教训。

导语的第二部分要解决很多人的一个问题：为什么我们要读历史？张宏杰先生在本书中不仅对于历史有所分析，更对书中主角的人性进行了详细的解剖。

我是这样根据书中内容进行回答的：我想历史最大的作用，是让我们了解循环了几千年，不同抉择下的不同人性。一位得道高僧曾经说过一句话："世人寻果，菩萨寻因。"其实我们普通人读历史，与其重视中华民族取得的累累硕果，倒不如回到根源去探究起因。

而这个起因，很大一部分就源自人性。

之后，我根据全书的主要内容列了十个主题。由于这本书比较好总结，故而主题列下来也比较轻松。

最后，我用一段共情的话作为结束：

这些不仅是历史，也对应着我们当下的人性；他们不是圣人，而是真实存在的我们；他们也不是历史的罪人，而是历史滚轮上的蝼蚁；他们都是凡人，与我们一样的平凡，一样的自私。这一张张无法被遗忘的面孔，见证了大明王朝的兴衰荣辱，同样也造就了我们。

所有历史中的他们，皆是凡人。

在拆解书籍的时候很容易产生以下几个误区。

第一，框架上。很多人在拆解书籍时候，因为无法一下子想到十个主题，所以就先以篇的结构按照书的顺序写正文，写完十篇正文之后，再写预告。

这样做的结果是：一方面，你的概括和布局能力得不到锻炼；另一方面，如果没有规划好方向，你在写作的过程中很容易跑偏。

所以，我在有书考核作者时，必然会给他们出一道考试题：针对《一个陌生女人的来信》，试写一篇预告，一定要带有十个主题点。

很多人不明白，既然后面的正文都不用写，为什么还要列这十个主题点呢？其实，这样做就是为了考察一个人能不能提炼书中的亮点，并合理地划分主题。

第二，内容上。若是以引发别人阅读兴趣为目的，建议大家不要讲太多自己的故事，因为你个人的故事不一定能引发别人的共鸣。但若你只是为了加深自己对书籍的理解，那么就可以多讲一些自己的经历，将书中的内容与自己的经历结合起来，会有助于你对书中知识的消化吸收。

但是有一点要格外注意，就是对金句的引用。

我经常看到一些初级学员在文章的开头引用大量的金句。

比如最常被引用的金句有狄更斯的"这是最好的时代，也是最坏的时代……"

但看完整篇文章后，我发现文章的内容与这些金句根本没有关系。

不是说不让引用金句，而是引用的时候一定要慎重。

首先，引用的要和内容严密地贴合；其次，大量引用金句不利于提升自己的价值，无非是抄写了下别人的东西；另外，很多金句已经被用得太多了，读者看到后根本没有感觉，会直接跳过。

第三，细节上。很多人在关联词的运用上会出现问题，最常见的就是对"因为""所以"的使用。

"因为""所以"被滥用的坏处有两个，首先，你会给读者造成一种强关联的错觉。

比如说，你上班迟到了，你跟老板说："因为刚才下雨，所以我迟到了。"

老板肯定会想，为什么下雨就一定会迟到？你不能早点来吗？别人为什么没有迟到？

这样说就会给别人造成狡辩的印象。

其次，也会让自己产生误解。

比如说，我看很多学员在拆解《大明王朝的七张面孔》时，写过一句同样的话："因为朱元璋体会到了农民的艰苦和无奈、官员对农民的剥削，所以他轻徭薄赋、严惩贪官污吏。"

这样写就形成了一个强关联，这种强关联会不断地加深你的印象，让你认为后者就是前者的结果。

其实，前者只是后者的很多个充分条件之一，无数个充分条件累加起来，才能得出后者的结论。

你看，小小的关联词，有时候其实可以给你对书籍的理解带来这么大的影响。

那么，如何才能写出一篇不仅令自己受益，也令别人受益的拆书稿呢？

有些读者可能会觉得，我写拆书稿的目的只是为了让自己更好地吸收书本中的知识，我用自己能看得懂的语言去写，让自己理解不就够了，为什么还要考虑别人呢？

在回答这个问题之前，我想请大家回忆一下之前我说过的一个公式：

$$行动力 = 自律 \times （痛苦 + 热情）$$

为什么又提到这个公式呢？之前也解释过，阅读到了这个阶段，你已经脱离了自己的舒适区，坚持阅读变成了一件痛苦的事情。

而写作也是如此。

如果不做一件事情不会给你带来痛苦，坚持一件事情也不会给你带来足够的热情，那你很可能难以在非舒适区坚持。

倘若你写的文字无法获得反馈，或者被别人给予了负面的反馈，那就无法给你带来足够的热情，让你坚持下去。

故而，我们写拆书稿的目的，不仅是为了让自己更好地理解书本中的知识，同时为了能长久地坚持下去，我们也应该让别人能从我们的拆书稿中获益，以获得有效反馈。

那么问题来了，什么才是一篇好的拆书稿呢？

我认为一篇好的拆书稿应做到以下四点：

第一，能够给读者带来酣畅淋漓的阅读体验。

第二，在尊重原著的同时，适当地加入自己的思考。

第三，在不自说自话的同时，可以引用贴近生活的例子和场景加以论述。

第四，读者读完后，有强烈的想阅读原著的兴趣。

我特别看重预告，因为预告特别考验一个人对书籍理解的程度、对书籍框架的重整能力以及对每一个主题的概括能力。

一篇好的预告，就相当于是一篇好的书籍宣传文案，既可以让读者了解这本书到底讲了什么，也可以让读者知道这本书的优缺点，更重要的是，能让读者读到很多他们没有思考到的东西，引起他们继续阅读下去的兴趣。

现在是互联网时代，大家的生活和工作节奏都非常快，很多读者会根据一篇文章的开头，考虑要不要继续阅读下去。

预告建议：从自己的角度切入，采用更加细节化、场景化和抒情化的描写方式，引发读者的共鸣。一本书之所以吸引你，我相信你一定是从中找到了共鸣点。这个共鸣点要么是它戳中了你的痛点，要么是它当中的许多场景与你的经历相似。

比如有书 CEO 雷文涛先生在拆解《活出生命的意义》时，写预告时改编了来自歌德的金句。

"我们在一片安谧中长大成人，陡然被投进这大千世界，无数波涛从四面向我们袭来。我们感受着空气中时时刻刻起伏着的微微的不安，而它们又被各种尘世的扰攘冲散。"

整篇文章是在讲述作者弗兰克尔被纳粹关入集中营后，寻找生命意义的过程。

雷文涛先生这样写，既映衬了这篇预告的背景，也使所有的读者产生了一个共鸣点，即现在和过去的对比。

几乎每个人都是在一片安谧中长大，每个人都有过天真烂漫的童年，而当我们融入社会后，几乎都能够感到时时刻刻起伏着的微微的不安。

下面，我将给你提供以下思路，你可以结合自己的写作手法进行调整。

（1）说明你为什么要拆解这本书，这本书对于你或者读者的意义是什么。

这一点可以直截了当地点出来，也可以使用委婉的方式说明，比如《活出生命的意义》这本书的拆书稿的预告是这样表达观点的（以下我都用这篇文章作为示范）：

而这本小书却开创了一个心理学流派：意义疗法。它帮助无数绝望的人，寻找到生命的意义。

一位失去双腿的年轻士兵，因抑郁无数次试图自杀。

有一天他的面庞突然变得从容而坚定。他告诉朋友，正是这本《活出生命的意义》，使他得以疗愈。

正如弗兰克尔所说："人所拥有的任何东西，都可以被剥夺，唯独人性的自由，也就是在任何逆境下都能坚持自己态度和生活方式的自由，不能被剥夺。"

（2）说明你为什么要推荐读者读这本书。

作家龙应台在德国的邻居是一位下水道工人，有一天，他正在阅读康德的哲学著作，龙应台很好奇。

那位工人说："下水道特别黑，我一边工作一边默念康德的词句，我觉得我的生命充满了光。"

就算我们的生活没什么波澜，只要能找到属于自己生命的意义，就能驱散生活中的黑暗，迎接属于你的光明。

（3）说明为什么在同类书籍中，你要推荐这本书，作者的写作方法有何不同，作者有什么独特的思想。

本书作者亲身经历过集中营的极端环境，并且通过自己开创的意义疗法让自己从绝望中走了出来。

支撑他在集中营中坚持下来的只有两个意义：爱与希望。爱就是对于和他妻子重逢的渴望，不久后他才知道，在纳粹投降前的一段时间，他的妻子被杀害了。可是他的生命还有一个意义，那就是重现他在纳粹集中营中的经历，和他如何坚持下来的过程，以帮助其他陷入绝境的人，重获生的希望。

（4）利用你的个人总结进行升华，吸引读者。

雷文涛先生是这样点题的：

就像前一段时间，有一位读者问我，你觉得你生命的意义是什么？

我化用了弗兰克尔的一句话："我生命的意义，就是在于通过阅读和写作，帮助他人找到生命的意义。"

另外，在开头部分，应该紧抓读者：

（1）利用场景化描写加强细节描写，让读者身临其境。
（2）本书或者书中观点对你的意义。

让读者一下子明白，读完这本书后可以得到的收获。

普及知识，开启民智。如此一来，你的阅读和写作才拥有了真正的意义。在下节中，我将拿一本特别好的书《活出生命的意义》给大家做个示范，如果你手边有这本书，可以拿出来做个对比，体验一下"重构"和"共读"的感受。

共读 《活出生命的意义》

预告

"我们在一片安谧中长大成人，陡然被投进这大千世界，无数波涛从四面向我们袭来。我们感受着空气中时时刻刻起伏着的微微的不安，而它们又被各种尘世的扰攘冲散。"

——改编自歌德的金句

生活注定不是一帆风顺的，生活中的坎坷与苦难，总会隐匿在各处，随时会向我们袭来。有时甚至会让我们陷入绝境。

（一）

可能是一场突发的意外，带走了我们最依赖之人的生命；可能是一次巨大的变故，让你丧失生活的信心；甚至仅仅只是一次误解、一次情绪上的变化，都可能让你备受打击。

总之这些痛苦，都可能让你难以承受，甚至让你的生命陷入绝境，从而停止追寻生命的意义。

我们听说过也见过太多人，因丧失亲人一蹶不振，因破产、负债、情感的失败而选择放弃生命，因被生活不断摧残变得麻木不仁。

若未经历过相似的苦难，我们除了赋予同情或者加以责怪外，常常会在潜意识中对他的苦难"轻描淡写"。

"你要坚强，一切都会过去。"

"你看，我经历的苦难比你多得多，不是也挺过来了吗？"

"这样轻视生命，就是对生命的不尊重。"

的确，若以一个局外人的视角看待苦难，伤痛会减轻许多，但他们很可能因此感到麻木，觉得生活再也没有希望，倒不如得过且过。

殊不知，他们会再次陷入绝境，陷入苦难。

换句话说，当生命失去了目标、失去了意义，就是苦难。

（二）

若说人类历史上最大的苦难，你想到的一定是第一、二次世界大战。特别是惨绝人寰的第二次世界大战。

说到第二次世界大战，在我们很多人的印象里，都是较为模糊的一个历史片段。

我们脑海中浮现的或许是一片城市的废墟，或许是希特勒残酷的面庞，或许是华夏大地上鲜血遍地。

我想，最令人颤抖的，是纳粹集中营中的满目疮痍。

可是，惨痛，却很遥远。哪怕电影、文字帮我们还原得再真实，我们也无法理解当事人的痛苦。

我们作为"旁观者"，会对许许多多现象不解，甚至误解。

比如我们自然地以为，最残忍的集中营一定是诸如奥斯维辛这样著名的大集中营，其实不然，大多数的死亡都发生在闻所未闻的小集中营，那里的囚头往往更加凶狠，鞭打折磨"囚犯"时也更加无情。

我们对被关押的"囚犯"之间为了生存的残酷斗争一无所知，很容易抱有一种错误的同情。我们不知道他们每一天都面临着生离死别，每一天都要为了面包、为了生活、为了朋友与命运抗争。

1945 年 1 月 27 日，最著名的奥斯维辛集中营中的党卫军升起了白旗。

纳粹快要灭亡了。

在解放了该集中营的美国军队看来，已经重获自由的"囚徒"的行为，令人十分困惑。

他们拖着疲惫的身体，走向大门外宽阔的世界，他们怯懦地望着周围，看着彼此，疑惑不解。他们缓慢地走着，有些人拖着满是伤痕的腿，有些人的体力已经支撑不起他们的身体，不停地跌倒，不停地爬起，蹒跚地继续走着。

"自由了……自由了……"他们嘴里不停地念叨着，可是脸上却没有流露出一丝兴奋之情。

晚上，他们其中一些人聚在一起，有人悄悄地问："你高兴吗？"

另一个人回答："说实话，不！"他不知道，所有人都是同样的感觉。几年中，在极端环境中受尽折磨，他们已经丧失了感知快乐的能力。

集中营夺走了他们的一切，包括他们的妻子、儿女、父母兄弟，甚至连自己完好的身体都没有留下。他们丧失了目标，失去了生命的意义。

（三）

可是在他们之中，尚有一个人，眼神依旧充满信仰地仰望着天空的星光。他与其他大部分人不同，他依旧拥有坚定的目光。

他叫维克托·弗兰克尔，本周我们将要一起共读的

《活出生命的意义》一书的作者。

支撑他在集中营中坚持下来的只有两个意义：爱与希望。爱就是对于和他妻子重逢的渴望，不久后他才知道，在纳粹投降前的一段时间，他的妻子被杀害了。可是他的生命还有一个意义，那就是重现他在纳粹集中营中的经历和他如何坚持下来的过程，以帮助其他陷入绝境的人，重获生的希望。

他回到家后，将自己关进房间，带着愤怒与对这个世界的希望，连续书写 9 天，写出了这样一本小书。

而这本小书却开创了一个心理学流派：意义疗法。它帮助无数绝望的人，寻找到生命的意义。

一位失去双腿的年轻士兵，因抑郁无数次试图自杀。有一天他的面庞突然变得从容而坚定。他告诉朋友，正是这本《活出生命的意义》，使他得以疗愈。

正如弗兰克尔所说："人所拥有的任何东西，都可以被剥夺，唯独人性的自由，也就是在任何逆境下都能坚持自己态度和生活方式的自由，不能被剥夺。"

战争虽然已经离我们远去，可是随时可能到来的苦难，却尚未离开。

说苦难可能略有夸大，但在我们平淡的生活和生命中的确存在太多会让我们迷失方向的东西。

作家龙应台在德国的邻居是一位下水道工人，有一天，他正在阅读康德的哲学著作，龙应台很好奇。

那位工人说："下水道特别黑，我一边工作一边默念康德的词句，我觉得我的生命充满了光。"

就算我们的生活没什么波澜，只要能找到属于自己生命的意义，就能驱散生活中的黑暗，迎接属于你的光明。

就像前一段时间，有一位读者问我："你觉得你生命的意义是什么?"

我化用了弗兰克尔的一句话："我生命的意义，就是在于通过阅读和写作，帮助他人找到生命的意义。"

接下来我会用 8 节内容，引导你读完本书，同你一起，寻找生命的意义。

一、当现实击碎你的所有希望，你是否会臣服于命运

"故事的开始，恶魔总是蛰伏在人间，在人们危难的时刻扮成救世主出现在众人之前，指引人们走向天堂上的万丈深渊。"

（一）

1923 年秋天，德国的城市陷入了有史以来最大的危机，甚至比第一次世界大战还要严重。

人们不再愿意储蓄，早上能买到房子的钱，到了傍晚只能买一片面包。他们一拿到货币，就要换成食物和日用品，哪怕只是一粒小麦。

工人每天能领到两笔"巨额"的薪水，可依旧食不果腹。

商店里已经没有什么可以买，只有一些死去的、腐烂的乌鸦摆在货架上。

所有的城市，人声鼎沸，却又死气沉沉。

巨额的战争赔款和极低的国内产值，压得那只曾经的巨兽喘不过气来。

人们拼死反抗，却了无希望。

这样的状况跌宕起伏，一直持续到 1933 年，一位新总理上台。

此时的德国不仅完全从金融危机中解脱出来，而且只用了六年就完成了军备扩充，成为欧洲军事第一强国。

他不断地向众人保证，让德国每一户人家的餐桌上有牛排与面包，要带领德国恢复德意志帝国的辉煌。

他的名字叫阿道夫·希特勒。

他似乎真的做到了，人们看见国内不断涌现的物资、步伐整齐的军队、气宇轩昂的元首，人们尖叫得几乎癫狂。

人们欢呼、庆祝，仿佛他们重新进入了天堂。只是他们不知道，这个潜伏在天使面具下的恶魔，早已经露出他毫无人性的嘴脸，正带领他们走向万丈深渊。那些看着已经实现的诺言，那些冉冉升起的希望，已经面临着破碎的边缘。

人们不知道那些给他们带来幸福的物资的来源，不知道他们拥戴的军队在别国如何残忍地掠夺、杀戮。

不过仅仅掠夺已经无法满足希特勒的野心，他开始宣扬种族理论，宣扬日耳曼血统的高贵，将掠夺和屠杀的目光，锁定在富有的、充满智慧的犹太人身上。

令人发指的纳粹集中营，在欧洲大陆上糜烂开来。

（二）

1938 年 3 月 15 日，希特勒吞并了弗兰克尔的国家——奥地利。

当时手里拿着美国移民签证的弗兰克尔，在内心面临着一个选择——要不要只身逃往美国。

他变得异常犹豫，他不忍撇下双亲，让他们独自等待被送往集中营的厄运；他又想抛下一切，集中精力发展他的意义疗法。

在两难之际，他发现家里的桌子上放了一块大理石，上面用希伯来文字刻着《十诫》的一条："荣耀你的父母，地上的生命将能得到延续。"

　　那一刻，他明白了心中的答案："我要留下来陪伴父母，就让美国签证过期吧。"

　　就这样到了 1942 年 9 月，他和妻子、家人一同，被关押进了捷克的集中营，父亲不久因饥饿与世长辞。

　　集中营不像我们往常理解的那样，其实它是一个流动且充满斗争的环境，囚徒们经常会由一个集中营迁移到另一个。而通常这种情况，就意味着死亡，他们会被送往设有毒气室和焚烧炉的集中营。

　　死亡之旅成员的选择过程，意味着每个人为了生存的斗争。尽管每个人都清楚，自己或朋友的胜出，意味着另外一个人的死亡。

　　人们没有时间和欲望考虑伦理问题，每个人的脑海中只有一个想法：活下去，保护着朋友活下去。

　　包括囚头在内的所有囚徒，他们的一切在进入集中营的那一刹那都被抹去了，包括他们的姓名、身份和财物，换来的只是一个编号。

　　弗兰克尔也获得了一个编号：119104，身为心理医生的他大部分时间只能干挖铁路这样的重活。

（三）

　　一个圣诞节前夜，他获得了一份奖励，换取了 12 支香烟。

通常囚徒们都不会抽这些香烟，而会把它们换成可以充饥的汤。

事实上只有囚头和仓库管理员才有吸烟的特权，他们可以通过各种手段获取食物和香烟。

不过却有一些例外，那些失去了生活信心的人，抛开了所有的一切，躲在某个角落，静静地"享受"最后几天监狱生活的时光。

他们再也不怕囚头的鞭打和摧残，他们并非无畏，而是内心已经麻木了。他已经失去了继续生活下去的勇气。

勇气一旦失去，几乎就再也不可能挽回。

是呀，苦难突然降临，将这些原本富裕、受人尊重的人们打下地狱。昨天奉为偶像的救世主，一转眼就变成剥夺自己一切的恶魔。

眼看着之前所有的成果全化为乌有，亲人一个个地在他面前化为灰烬，他有什么理由不能绝望？

的确，我们没有任何权利埋怨他们，我们从未体验过那种非人的环境。

可是，有一个人虽然暂时屈服，但从未放弃求生的欲望。虽然现实击碎了他所有的希望，将他打入谷底。

只因为他找到了自己生命的意义：爱与希望。

就像他经常喜欢引用的一句尼采的话："杀不死我的，使我更坚强。"

二、只要生命仍在延续，就有无限的希望

"恐惧会让你失去理智，失去所有的一切，直到再也没有什么值得失去。"

（一）

铁轨绕了一个弯，在不太平坦的地面上起伏着，秋天的风已经略显刺骨，从火车的缝隙中渗透进来，侵袭着那群通向死亡的人们。

铁路两旁的白桦，不断地向后退，仿佛跟昨日的世界，挥手作别。

每个人只能躺在自己的行李上，守护着所剩无几的个人财产。车厢内拥挤不堪，只有一些灰暗的曙光夹杂着粉尘从车窗投射进来。

恐惧，从尚未进入集中营就开始在每个人心中蔓延。人人都充满幻想，希望火车能开往某家军工厂，只是被送到那里劳作，可是没人知道自己身处何方。

汽笛开始不断地嘶吼，像是一个撕裂了的喉咙因怜悯这些注定通往地狱的人，歇斯底里地求救。

当火车驶入岔道，焦虑的乘客中突然发出一声绝望的呼喊："看！奥斯维辛……"

刹那间，每个人的心跳都停止了，呆呆地望着窗外。

奥斯维辛——这个名字代表了所有的恐怖：毒气室、杀戮与焚烧炉。

火车似乎在跟所有人开着玩笑，犹豫地、缓慢地往前滚动它的脚步。

破晓时分，阳光懒惰地洒向地面，映射在集中营中。铁丝网、岗楼、探照灯的轮廓渐渐清晰。一些衣衫褴褛到近乎赤裸的囚徒，在昏暗的阳光下，蹒跚着走向远处那未知的世界。

远方不时地传来零星的哨声和哀号，人们心中自然浮现出一幅吊着人的绞刑架的恐怖场景。

除了极度恐惧，每个人再也没有其他感觉。从那一刻起，他们不得不适应这种恐惧，直到习以为常。

（二）

不知多久，火车终于肯停下它缓慢的脚步，进站了。

粗暴刺耳的命令声打破了车厢的平静，这种命令声从此伴随着他们在集中营中所有的日子。

车厢门突然被打开，一小波囚徒蜂拥而入，看起来营养不错。

天生乐观的弗兰克尔仿佛像抓住了救命稻草一般想：这些囚徒看起来身体健康，说不定我也能获得这么好的待遇呢。

精神病学中有一种现象，叫短暂性迷惑，在极端的恐惧下，哪怕是被宣布处决的人在行刑的最后一秒，也会产生死刑会被暂缓执行的错觉。

同样，包括弗兰克尔在内的几乎所有人都抱着这种幻想，觉得事情肯定会有转机，对眼前潜在的危险视而不见。

其实，不仅仅在极端环境下，就连平常生活中的我们也常常会出现这种心理。做什么危险的事情时，总是在想："我肯定不会这么倒霉。"

那天的弗兰克尔也是如此，军官命令所有人把所有行李都留在火车上。而弗兰克尔不知哪来的勇气，将帆布包藏在外衣里。若是被发现，他就危险了。

那位军官不停地左右指点，没人知道他指点中蕴含的险恶用意。不过他懒洋洋的样子看起来，似乎往左指得多。

当弗兰克尔走到他面前时，他拍了拍弗兰克尔的肩膀，弗兰克尔尽量挺直肩膀，一则让自己显得更精干，二则为了不让军官发现自己偷藏了背包。

军官慢慢地向右转动弗兰克尔的肩膀，他也顺势向右走去。

左边的那些囚徒每人领着一块肥皂，往写着"浴室"

的房间前行。

傍晚，弗兰克尔询问待得时间较长的囚徒，往左边走的他的朋友 P 现在关在哪里。

那位囚徒随手指向几百码外的烟囱，烟囱冒出一串串蓝色的火苗照亮了昏暗的天空，又慢慢地和飘散已久的烟云融合在一起，"你的朋友，正慢慢地飘向天空……"

（三）

后来弗兰克尔才知道，他们刚才面临了第一次遴选，一次生死攸关的判决。这次判决中90％的人都通向了死亡。

纳粹用浴室和肥皂当幌子，让那些老弱病残主动把自己扒个精光，乖乖地、安静地走进毒气室。

屠杀结束后，纳粹会将死者身上所有能利用的部分全部拿下来，不只是金牙和头发，有些带着好看文身的皮肤都会被剥下来。

之后他们的尸体被送往焚尸炉化成那一缕缕青烟。

那天，弗兰克尔他们在党卫军的护送下，真正地洗了个澡。这样的遴选，几乎每天都在进行。

这样的恐惧每天都在蔓延。

在他们第一天休息时，出于想要结交朋友的愿望，弗兰克尔悄悄地靠近一位老囚徒，指着自己上衣口袋："这是我的一本科学著作手稿，它是支撑我活下来的唯一希望，我要不惜一切代价来保护它，你能理解吗？"

那位囚徒似乎有些理解，脸上流出了一丝笑容。弗兰克尔也咧着嘴发笑。那个囚徒的笑声渐渐变了音调，起先是哀怨的苦笑，后来变成侮辱和轻蔑的嘲讽。最后甩给了弗兰克尔一句囚犯们常常说的话："狗屁！"

那一刻，弗兰克尔的恐惧和失落达到了极点——他否定了自己的前半生。

当自己的梦想和唯一的希望被现实碾压得粉碎时，又有多少人能够支撑下去？

（四）

淋浴时，他们互相望着自己赤条条的身体，意识到：那一刻，除了赤裸的身体，他们一无所有。

他们所抱有的幻想一个个破灭。

出乎意料，暂时还没有太多人绝望，他们开始被冷酷的幽默感战胜。他们开始取笑别人，也乐意被别人取笑。

除了这些，他们在这种极端的环境下还产生了另一种奇怪的心理——好奇，对自己结局的好奇。

登山遇险时，会好奇自己是否会粉身碎骨；洗完澡后常常设想自己赤裸地站在冷风中，是否会被冻死……

他们也变得极其能够忍受痛苦，也开始挑战人体的极限：9 个人合用 2 条毯子，用沾满了泥巴的鞋子充当枕头，手上的疮和擦伤就算沾满灰尘也从不化脓。

几乎每个人都动过自杀的念头，集中营里时时刻刻都笼罩着死亡的危险，也经常眼睁睁地看着他人死亡的发生。

可是，弗兰克尔在集中营的第一个晚上就暗自发誓，永远不会触碰带电的铁丝网。

他坚信自己能够回家，能够再次见到他美丽的妻子，听着妻子的坦诚鼓励，看着妻子比冉冉升起的太阳还要明亮的微笑；他坚信他能够带着自己的"意义疗法"重回故土，实现自己毕生的梦想。

恐惧的确会让人失去理智，失去所有的一切，让你无从选择。

但是你依旧是自由的，你看，弗兰克尔就在这种极端环境下，选择了带着生命的意义，不顾一切地活着。

我们不曾得知，是否每个深夜，弗兰克尔都如同他说的一般疲倦地酣睡。他一定在某个时刻，抬头仰望过星空，望过那悬挂在天空的新月。

新月的意思，就是希望。

三、 乐观似乎是一种天赋， 有些人生来就会，有些人可能永远都学不会

"乐观似乎是一种天赋，有些人生来就会，有些人可能

永远都学不会……"

如果一位先知告诉你，你的生命将在几小时后消失在这个世界，你会有何反应？

是不相信？是惊恐万分？是瘫倒在地臣服命运？还是用尽最后一丝力气和命运做抗争？

或许你的内心会在这几个答案中徘徊。

可是，这仅仅是如果。我们从未涉足那种境地，所有的选择可能都是预想、都是假设。

（一）

所有的集中营似乎都是一样。天空中弥漫着一样昏暗的阴霾，探照灯发射出一样刺眼的光线。每一个囚徒都破衣烂衫，拖动着无助的躯壳；每一个囚头都满目可憎，挥打着无情的长鞭。

不同的可能只有毒气室，以及不同编号的人。

清晨的阳光，试图把自己的温暖透过窗子照进集中营的棚屋，可无奈怎么也照不进去——集中营没有窗户。

每个人都只能凭借刺耳的嘶吼声和哨声判断，是否应该将自己从睡梦中拉扯出来。

一切都同往常一样，苏醒的弗兰克尔等待着"开工"。只不过前一天夜里，他刚刚被转移到"大名鼎鼎"的奥斯维辛集中营。

集中营不允许囚徒擅自离开自己的街区。就在那天发生了一个小插曲，一位比弗兰克尔早几周到达的囚徒冒着危险，偷偷地溜进了棚屋。

他消瘦得厉害，以至于人们都没能一眼发现他。他希望安慰刚刚到达的人们，也希望能够给予他们得以生存的忠告。

"我只祈求你们一件事情，如果有可能……有可能的话，每天坚持刮脸。无论是用锋利的玻璃，还是用最后一片面包换的刮脸工具。"

"只有这样，你们才能看起来面色红润、更年轻、能干活。这是让你们活下来的唯一办法。"

"如果你显得毫无生气，哪怕你脚后长个泡，走路显得瘸了，党卫军都会立马把你送到毒气室……"

接着他环视了一圈，用充满哀愁的目光看了看弗兰克尔，并指了指他说："希望你不要介意我如此坦率，恐怕你就是那个要被送走的人。"

弗兰克尔没表现出一点恐惧，笑了笑，仅仅是笑了笑而已。

（二）

很多人认为，弗兰克尔因监狱的生活变得麻木不仁，开始以一个旁观者的身份来漠视自己的生命。

这或许是对他的误解。

他自己，甚至朋友都评价他说："你不是那种会在恐怖环境中抑郁不堪的人。"

乐观，是弗兰克尔的特性之一。

他的微笑，平常可能会被看做反常行为，但在此刻，却尤为正常，微笑恰恰是他最正确的选择。

在危机面前，乐观也许无法挽救他的生命。但是至少能够让他保持理智，保持对生命的渴望，一旦失去了理智，也就没有什么可以再失去的了……

长时间待在极端环境中，更多的囚徒却用另一种方式来面对即将到来的危机。

他们把心里对危机的恐惧变为冷漠。让自己的情感进入一种死亡状态。

他们的眼睛和身体不会再躲闪一切。即使看着朋友在面前被施以酷刑也无动于衷，哪怕自己浑身沾满了粪便也毫不介意。

他们不断地听见受害者的惨叫、将死之人的哀怨，他们不断地看着尸体被拉扯拖行，血液在地上摩擦出暗红的痕迹。

他们早已经司空见惯，再没有任何事情能够打动他们了。

若是一个囚徒死去，那些冷漠的人，即刻接近这个体温尚存的尸体。

有的人夺走了他的土豆；有的人脱下了他的木鞋；有的人换走了他的上衣；甚至有的人从他身上拿走一根细绳，都会沾沾自喜。

而弗兰克尔，也只能冷漠地看着这一切发生……

这种场景，周而复始……

后来弗兰克尔说，太多的场景，他已经丝毫不记得了，因为他几乎没有投入什么感情。

（三）

冷漠、迟钝、对任何事情都漠不关心，是囚徒麻木之后的心理反应。这些症状让他们对时时刻刻发生的酷刑无动于衷，同样也正是这种冷漠的外壳，在保护着囚徒自己。

不过让我们想不到的是，在这种极端环境下，每个囚徒依旧抱有对自尊、对公平的追求。

在集中营中，人们稍有不慎，甚至毫无缘由都会招来一顿毒打。

这时最痛的不是肉体，而是不公平和不可理喻带来的伤害。

不留痕迹的鞭打，反而会更让人心碎。

　　有一天暴风雪来临，弗兰克尔迎着寒风吃力地修路。当他累了时，停下来喘口气，恰巧被守卫发现了。

　　守卫戏谑地向他投去一块石头，之后便像调戏野兽和呼喊牲口般，露出奸诈的笑容。

　　还有一次，守卫用语言给予弗兰克尔极大的侮辱。

　　"你这头猪，从来没有干过活吗？你等着，不出两天我就让你完蛋！猪！你是干什么吃的？难道你是从穷人口袋里捞钱的商人吗？"

　　面对守卫的死亡威胁，弗兰克尔竟然毫不畏惧，挺直了腰板用坚定的话语，为自己的尊严与他抗衡。

　　"我是一名医生，而且是名专家，我为穷人开诊所，很多时候我分文不取。"

　　弗兰克尔说得太多了，守卫疯狂地嘶吼着，一拳将他打倒，给予了他严厉的惩罚。

　　那一刻，相信弗兰克尔是知道自己的话语会带来什么样的危险的。只是，他要为自己的尊严保留最后一片光明的空间。因为他知道，一旦他退让了，那他将再无底线。

　　你看，人果然是自由的吧。即使在最极端的环境下，每个人仍有选择的权力。就算面对死亡的威胁，你也可以选择。选择跪倒在它面前，或者挺直腰板，保持哪怕最后的尊严。

或许在那些备受煎熬的日子里，他正是用这两件武器保护着自己：一是乐观，永远的乐观，用它来对抗恐惧、保持理智，每个时刻都能做出正确的选择；二是尊严，不可退让的最后的尊严，阻止自己堕入深渊。

或许这也是苦难带给弗兰克尔生命的意义，同时也是给我们的意义。

每到该休息的时候，囚徒们回到集中营，常常可以听见他们长舒一口气："真好，又活了一天！"

是呀，只要活着就有希望。

四、爱是寻找生命意义最好的武器

如果你深感迷茫，找不到生命的意义和方向。那么，就去爱上一个人吧，去歇斯底里地爱吧！爱并非示好、妥协、满足对方想要的一切，而是你愿意为了这份爱，不断地努力、成长，成为最好的自己。或许最终爱而不得，但不要紧，此刻，它已经帮你找到生命的意义。

太阳早已落山，凛冽的寒风穿过华沙的丘陵，袭掠着集中营的棚屋。棚屋没有一扇窗户，可这些贪婪的风不知从哪里找到的缝隙，硬生生地钻了进来。试图用它们的残酷，来摧残那些衣衫褴褛的刚刚进入的囚徒。

可没有任何一个人理会它们。

囚徒们太累了，早已沉浸在梦乡。除了尖锐的哨声和刺耳的嘶吼声，再也没有什么能够把他们从梦境拉扯出来。

集中营的环境太残忍，他们一门心思想要活命的状态，迫使他们的内心向更原始的精神生活倒退。而他们的希望也只能在梦里实现。

他们怎么舍得醒来……

（一）

他们也常常会在梦中惊醒，回到残酷的现实中来，美好即刻溃散。他们失落、绝望甚至会恨，恨那个把他们从梦中惊醒的东西。

这天夜里，一个囚徒在梦中不断呻吟，胡乱地挥舞着四肢，发出的声响吵醒了弗兰克尔。很明显，他做了一个噩梦。

弗兰克尔一直很同情做噩梦的人，便下意识地准备将他唤醒。刹那间，弗兰克尔猛地把手抽了回来。他有些后怕，那一刻，他强烈意识到，不管梦境多么恐怖，也比集中营的环境要好得多。而如果唤醒了那个人，就意味着把他从恐怖的梦境拉回比梦境还要恐怖的现实。

弗兰克尔念叨着："我不能这么做。"

不过囚徒们经常梦见的是面包、蛋糕、香烟和舒服的热水澡。这些简单的要求在现实中都难以满足，他们只好在梦境中寻找。

其实，不仅在梦中，囚徒们的精神生活也回归到对食物渴望的原始本能上。

一旦没有人监视，就立刻讨论食物——他们询问彼此喜欢什么食物，然后交换食谱，策划着与家人重逢的那天摆上餐桌的菜谱。他们反复讨论，描述每一个细节。

毫无疑问，这是危险的。他们在努力适应极少的食物时，那些慢慢浮现在脑海的美味菜肴，极易对身体造成不适。这一幻觉，太容易破灭。破灭的瞬间对生理必然造成很大伤害。

（二）

没有这种经历的我们，无法想象这样灵魂与肉体的冲突。我们无法想象人们站在壕沟上挖土，只为了听清上午的哨声，因为那个时候可能会发面包。

若没有发放，人们会颤巍巍地将早已被冻僵的手伸进上衣口袋，掰一点放到嘴里，用最后仅有的意志力，把剩余的装进口袋，暗暗发誓一定要坚持到下午。

除了食物的匮乏，集中营普遍存在"文化冬眠"现象，但政治和宗教除外。

集中营的每个角落都在讨论政治，而且传播得极其迅速。战争即将结束的谣言一次次让人们失望，甚至陷入绝望。

与此相比，能够安慰人心的就是宗教，人们对宗教表现出难以想象的虔诚。在每一个角落，运送囚徒的黑暗牛车上，哪怕是风雨欲来的山坡，随处可见祷告的人们。

这些衣衫褴褛的人们，又累又饿蜷缩一团，口中念念有词。

在集中营中，人们的身体和思想被迫倒回原始状态，但渴望活下去的人们，依然愿意强化他们的精神生活。

尽管他们会在集中营承受更多的痛苦，但内心受到的伤害要少得多。他们能把恶劣的外界环境转化成丰富的精神生活。他们会在集中营中活得更久。

（三）

在某个寒冷的夜晚，囚徒们被守卫押送着朝集中营外走去，寒风刺骨，双脚疼痛的囚徒互相搀扶着一瘸一拐地朝着黑暗走去。守卫不停地冲他们咆哮，用枪托驱赶他们。

突然有个人走到弗兰克尔身边，捂着嘴巴说："如果我们的妻子看到我们这个鬼模样怎么办？我希望她们在集中营中过得比我们好，最好永远也不知道我们遭遇的这些！"

他的话勾起了弗兰克尔对妻子的思念。他俩搀扶着、跌跌撞撞地走了几英里，在雪地里滑倒，再爬起。尽管再也没说过一句话，彼此之间都知道对方在心里默默地思念着自己的妻子。

弗兰克尔偶尔仰望着天空，天上的星星慢慢地消失，清晨的霞光从一片黑云后散开。

他的思念依然停留在妻子身上，千丝万缕。他想起妻子美丽的笑容，想起她明亮的眼睛，想起那些她曾趴在自己耳畔，低吟的耳语。每一字每一句，他都记得。

他在人生中第一次领悟到一个被无数诗人赞颂的真理："爱是人类终身追求的最高目标。"

爱不是太阳，但是却比太阳更加耀眼；爱不是繁星，却比繁星更加美丽。爱犹如一池汤泉，温暖着、抚慰着早已饱受凛冽的寒风摧残的心灵。

纵使再一无所有的人，只要有片刻的时间思念爱人，那么他就能领悟幸福的真谛。

在那个荒凉的世界，人们唯一可以做的，就是忍受痛苦，那么请选择这样令人尊敬的方式忍受。

"天使就存在于这样无比美丽的永恒思念中……"

弗兰克尔也第一次明白，爱一个人可以远远超过爱她的肉体本身。无论她是否在场，是否健在，爱以什么方式终止才最重要。

他当然不知道妻子是否活着。但那一刻，一切都不重要。什么也阻止不了他对妻子的爱,对妻子的想念。

他的心犹如被贴上一道封条,爱,一切如昨。

就这样,在寒风侵掠下,在辱骂声中,他的心中充满了希望。爱,再次帮他找到生命的意义。

五、美好从未缺席,只是缺少了你的拥抱

"阳光总是在几乎同一时刻洒向人间,尽管千篇一律。人们早已经厌倦,可总有人不辞辛劳,翻越山丘,只为看一眼它初生的光芒。"

(一)

太阳终于不再发出刺眼的光线,开始走向昏黄。尽管如此,它依旧散发着余威,让空气中弥漫的水汽,保留着它炽热的体温。

斜阳洒在了巴伐利亚森林上,青翠的叶子,在阳光的映衬下,也沾染了一丝金黄。竟然让酷暑,被一抹轻柔撕下了着装,露出春天般温柔的景象。

微风携带着那些热气把树叶吹得沙沙作响。

守卫们早已耐不住闷热,趁着长官不在,扯开了自己的领口,朝着太阳啐了一口唾沫,同时也啐向那他们早已经厌倦的风景。

旁边的棚屋里，弗兰克尔和狱友们正端着汤碗，精疲力竭地躺在地板上休息。突然一名狱友冲了进来喊着跟大家说："快，看日落，特别美！"

囚徒们竟毫不犹豫起了身，手里端着汤碗站在外面。

不断变换形状的云朵笼罩着整个天空，夕阳仿佛生命投射进云朵，明暗交替，色彩斑斓。

地上的泥潭也映照出天空中旖旎的云彩，荒凉的棚屋夹在天地之间，与它们形成鲜明对比。

几分钟的寂静后，一名囚徒对另一名囚徒感叹道："世界多美呀！"

（二）

我们很难理解，这些生命都没保障的囚徒，为何会爆发出如此强烈的对美好的渴望。

集中营所有条件的匮乏和精神上的摧残，让他们的内心极其绝望。

可越是这样，他们越是能懂得珍惜，越是能懂得它们的珍贵。

在他们被押向巴伐利亚的路上，他们凝视着远方被皑皑白雪覆盖的山峰，夕阳透过囚车的铁窗映照他们的面孔上。如果你看到了这幅画面，绝不会相信他们已经放弃了自由和生活的希望。

各方面的匮乏让他们的精神世界变得极其细腻，能体验到从未体验过的美好。

哪怕是微风吹去了一片落叶，哪怕是太阳的一点余晖，哪怕是远方升起的袅袅炊烟，都能让他们或陷入回忆，或沉醉其中，甚至忘记自己当下的处境。

回忆所产生的内心波澜，填补了精神的空虚与孤独。思绪会插上翅膀回到过去，回到过去每一个生活的场景。

他们假装自己是一个陌生人，出现在那幅画面中。

呆呆地看着自己和画中人的一举一动，或许仅仅是打一个电话，开一个灯；或许仅仅是与朋友的几句寒暄；或许……

总之，回忆让人挣脱痛苦，回忆让人重拾希望，回忆……让人泪如雨下。

可能这就是人和其他生物的不同吧，即使物质生活再匮乏，人们还有精神世界可以寄托。

一丝丝美好，只要被人们发现，都能陷入回忆；一点点回忆，只要被人们想起，就能变成美好。

处于极端环境下的他们需要美，更需要回忆。

（三）

一个雪天，一切都是灰蒙蒙的。就连晨曦都穿不透灰蒙蒙的薄雾。弗兰克尔正在挖壕沟，他在与绝望的生存做垂死挣扎，他的精神已经穿透围绕着的沮丧情绪，超越了绝望、无意义的世界。

"我一定可以活着与我的家人重逢。"

就在他用坚定的眼神望着前方时，灰暗中一座农家小屋里的灯突然被点亮了，仿佛远处一声胜利般的"对的"。

小屋伫立在地平线上，灯光在黑暗中闪烁。弗兰克尔又开始陷入回忆，和爱人交谈，他强烈地感到妻子的存在，就陪在他身旁。

他微笑着伸出手臂试图抓住那点灯光，这微小的美，给予了他希望。

从那以后，这些也成为他抵御恐惧的武器，再也没有什么能够打倒他了。就连在一个下着雨的冬天，因狱友的贪睡被连累罚站一夜，依旧很开心。起码当时待的集中营没有烟囱，奥斯维辛也离得很远。

在绝望时这些固然重要，可当生活仍然充满希望，这些美好依旧掌握在我们手中时，是否也应当珍惜它们。

此刻的严寒尚未消退，万物也还未苏醒。或许这是人们最厌恶的季节，寒风刺骨，世界死气沉沉。

可寒风也吹走了天空中的阴霾，如果你在意，夜晚时分你仰望天空，会发现星辰格外清晰，夜也分外宁静。

美好从未缺席，只是缺少了你的拥抱。

六、　当你明白苦难的意义，　你将不再畏惧苦难；

　　　当你明白生命的意义，　你将更加敬畏生命

　　"当你明白苦难的意义，你将不再畏惧苦难；当你明白
生命的意义，你将更加敬畏生命。"

　　他们的心仿佛不见了，只剩一个空洞。他们觉得自己
被掏空了，空而且冷，感到很恶心、晕眩。

　　他们不得不蜷缩在角落里，坚挺着，不让自己的心继
续下坠。

　　因为饥饿和疼痛，他们的耳畔嗡嗡作响，像嘭嘭的鼓
声，像讴歌玉米的歌声，像咒语。

　　他突然从浑身冰凉变得满身燥热。他的血液在奔流，
面颊在燃烧，屋子在他面前旋转着，阴暗了。

　　时间仿佛过了很久，可是天还没亮。"为什么天还没有
亮呀！"他们绝望地低语。

（一）

　　在集中营中，囚徒们饱受着奇特的"时间体验"之苦，
他们受到了一种扭曲的心理时间的折磨，显得特别漫长。

　　战争结束后，囚徒们回忆牢狱生活，最令他们压抑和
恐惧的是，他们不确定自己要被关多久，也不确定自己哪

天才能被释放，更不确定这样一种生存状态能否结束。

一位著名的心理学家说过，集中营生活是一种临时的存在，未知期限的临时性存在。

他们不知道这种"临时性存在"何时能够结束，也不可能去追求生活的终极目标。

他们不再像正常人一样为了将来而生存，他们的生命结构变了，只能看见眼前的选择，彻底忽视可能到来的危机。人们好像走在自己的葬礼上，没有未来，没有目标，觉得自己的生命已经终结，好像已经死去。

弗兰克尔不禁感叹道："在集中营中，一天过得比一个星期还要慢。我们的时间体验是多么荒诞啊！"

这种体验会比恐惧更加可怕，在时间上会痛切地体会监禁生活的遥遥无期，在空间上则是活动范围的逼仄，在身体上则受尽摧残。

自由对于他们来说变得遥不可及，显得那么不真实。

他们宁愿蜷缩在某个角落，忍受着寒冷和饥饿，彻底地陷入回忆。

（二）

回忆，是囚徒忘记眼前痛苦的防具。可是沉溺其中无法自拔就会蕴藏着一个危险，那就是忽视积极度过集中营生活的机会。

他们更愿意闭着眼睛，在回忆中生活。沉溺在过去无限美好的虚幻场景中，他们认为生命真正的机会，早就离自己远去了。

他们觉得自己的命运早已经注定了，那就是死亡。还不如选择一种相比较而言舒服的方式消磨掉剩余的时光。

可总有人不愿意屈服，死神早在进入集中营时就宣告了他们的命运。可是他们从不畏惧，他们一定要努力地、充满意义地活着，将所有的痛苦都转化为生命的激情。一直到自己亲手翻开命运的底牌，才能甘心。

毫无疑问，弗兰克尔正是这样一种人。

在最痛苦的时候，他强迫自己去想一些琐事来化解痛苦，可是时间一长就感到了厌烦，于是他就强迫自己去想别的事情。

突然，他看到自己站在明亮、温暖而欢快的讲台上，从心理学的角度，分析当下折磨他的一切。他和他的痛苦都变成了他研究的对象。

通过这个办法，他成功地脱离了当时的苦难，他把当时遭受的苦难看成了过去，着眼于未来，仿佛一切磨难都变成了对未来的意义。

斯宾诺莎在《伦理学》中写道："作为痛苦的激情，一旦我们对它有了清晰而明确的认识，就不再感到痛苦了。"

（三）

而那些对未来丧失信心的囚徒，注定要走向灭亡。他们漫无目的地活着，自甘堕落，犹如行尸走肉。

他们拒绝穿衣洗漱、拒绝出操，任何劝说或威胁对于他们来说都不起作用。如果生了病，他们也拒绝去看医生，他们就这样放弃了，缩在自己的躯壳里放弃了一切生的可能。

就连以折磨囚徒取乐的囚头，都不愿意鞭打他们，鞭打他们犹如鞭打尸首，不叫不痛，毫无乐趣。

他们放弃生命的起因，很可能是因幻想一个接一个地破灭。

弗兰克尔有个朋友 F 就是这样。

某天夜里，他悄悄地告诉弗兰克尔："医生，我做了一个奇怪的梦。梦里有个声音告诉我，3 月 30 日，我们就能得到解放。"

他消瘦的面庞，顿时变得红润起来，眼神中充满了希望。可随着时间的推移，那个日子越来越近，战争极不可能在那个时间结束。

3 月 29 日，他发了高烧。3 月 30 日，他陷入了昏迷。第二天，他离开了这个世界。

预言没有如期实现，他绝望了。在那段时间，大批量囚徒也因同样的状况死去。

尼采说过："知道为什么而活，你才能生存。"

若是想恢复内在的力量，就必须看到自己未来的某个目标。

或许你会回答，我很迷茫找不到目标。

其实，我们期望生活给予我们什么并不重要，重要的是生活对我们有什么期望；我们不应该询问生活有什么意义，而应该去思考自身的过往；我们不需要回答，我们只需要行动，采取积极的行动。

去爱，去挑战。即使失败，也不要紧，重新制定目标，永不放弃。如果你发现经历苦难是命中注定的，那就迎接苦难的挑战。

一旦我们明白了苦难的意义，我们就不再通过无视折磨、心存幻想或者虚假乐观等方式来逃避现实。

所有我们承受的一切，别人都无法夺去；所有我们坚守的一切，都将融入灵魂。

荣耀你的意义，你的生命将在这片大地上延续……

七、我从内心呼唤上帝，上帝应我自由

"天空还是同样的天空，对每个人来说都是一样，它从

未消失，只不过你蜷缩在看不见它的角落。"

（一）

黎明已经到来，可天空上的阴霾依旧不肯散去。阳光试图奋力地把乌云撕裂出一道口子好让自己的光芒渗透进来。但是，一切努力，都显得那么无力。

囚徒们拖着疲惫的身体走向集中营的大门，大门没有像往常一样紧闭。

囚徒们胆怯地看着四周，看着彼此，疑惑不解。大门敞开，可是没有人敢往前迈进一步，更别提有人尝试走出去。

大家都猫在别人身后，低着头瞄着前方。

他们怀疑自己出现了幻觉，以往凶神恶煞的守卫，居然露着微笑向他们招着手走来。

刚开始囚徒们都不敢认他们，他们这么快就换上了文明的外衣。守卫们走到囚徒跟前，一边给他们发放香烟，一边说："战争结束了！"

这时，他们才敢尝试朝集中营外走去，这次没有人命令他们回去了，他们不需要担心挨打。

一群人互相搀扶着，迷茫地沿着集中营外面的路越走越远。

他们第一次用自由人的眼光好奇地扫描着集中营周围

那些他们早已熟悉的风景。

他们并没有感到心潮澎湃或激动……

"自由"——这个他们在倍受折磨的日子里念叨了无数次的词，此刻却显得有点模糊了。

他们并没有意识到自己自由了，他们不明白自由已经属于他们。这一切都显得那么虚幻、那么不真实，仿佛再次坠入了编织过无数遍的梦境。

远方的沼泽被春风感染长满了野花，生机勃勃地映在他们眼中。他们意识到了野花的存在，也意识到它们在努力地不断向上生长，可是他们内心却没有一点儿感觉。

草丛边突然跳出来一只尾巴上长着五颜六色羽毛的山鸡时，他们的脑袋里才出现一丝快乐，但是它一闪而过，因为他们感觉自己依旧不属于这个自由的世界。

囚徒们已经丧失了感知快乐的能力……

（二）

心理学将这种感觉叫做"人格解体"，外在的一切都显得不真实，人们仿佛依旧活在梦中。

刚开始就算在梦中也会激动异常，但是经过几年的时光，梦境不知道欺骗了他们多少回。

他们梦到解放，梦到回家，梦见了和妻子拥抱和家人团聚，梦见了坐在餐桌旁讲述自己在集中营的经历……然后，一声尖锐的噪音在耳畔响起，将他们拉入了现实。

梦境不断地给予他们希望，可是又不断地将它们一一捏碎在他们眼前。

他们怎能再相信梦……

如果说从集中营解放出来的囚徒，不再需要精神安慰的话，那可能是一种误解。

一个人一旦从长期的、高度紧张的状态中得到解放，反倒是面临着危险。尤其是在巨大的心理压力突然消失的情况下，这很可能让他的精神和道德都遭受严重的创伤。

大部分囚徒不太容易摆脱那种早已司空见惯的、残忍的行为。获得自由以后，他们就像挣脱牢笼的野兽，觉得自己可以肆意挥洒自己的自由。

曾经遭受的痛苦就成为他们为所欲为的理由。他们唯一的改变就是从被压迫者，变成了施虐者。

获得自由后，弗兰克尔有一次和集中营的朋友经过一片麦田，那位朋友拉着弗兰克尔的胳膊，径直地从麦田上踏过。弗兰克尔尝试阻止他。他愤怒地吼道："他们夺走了我们多少东西，我的老婆、孩子都被毒死了！你竟然连这些庄稼都不让我踩！"

还有一个囚徒，卷起衣袖亮出他的右手，吼道："等我出去后，若是这只胳膊上不沾上鲜血，我就将它锯掉！"这个人并非坏人，他从始至终都是弗兰克尔的好朋友。

大部分人在慢慢的引导下回归了原本的性格。

我们要明白，谁也没有为非作歹的权力，哪怕曾经别人这样对你。

（三）

跟扭曲的心理相比，囚徒们的身体受到的束缚，就少了很多。

从一开始，他们的身体就得到了充分的自由，他们要做的第一件事就是吃。

集中营的极端生活让他们的身体回归了最原始的渴望——食物。

他们甚至会大半夜起来吃东西。

如果囚徒被一位友好的村民邀请去做客，他会一边狂吃，一边口无遮拦地讲话。他们不得不说，自由说话这项权利也被剥夺得太久太久，他们需要得到释放。

直到有一天他的舌头松动了，紧接着内心的某些东西松动了。感情才会冲破一道道一直束缚他的枷锁，使他放声大哭。

解放后不久的一天，弗兰克尔在田野间散步，再次穿过繁花盛开的沼泽，走到集中营附近的市场。

这次阳光早已经扯散了乌云，将自己的光芒普照了大地。云雀从天上飞过，欢快地唱着歌。

田野间空无一人，只有一片自由的天空。弗兰克尔停住了脚步，仰望着天空，跪在地上。

那一刻他忘记了自我，忘记了世界的存在。

他的脑袋里来回回荡着一句话："我从内心呼唤上帝，上帝应我自由。"

八、支撑你的意义幻灭后，你能否再次找到生命的意义

"当一切都尘埃落定时，我依旧坚守梦想最初的模样，生命的意义就是希望……"

春风吹拂着大地，草木从冬日的杀气中苏醒而来。阳光洒落阡陌间，将初生的斑斓映衬得格外温柔，天空中飞舞的蝴蝶不停地扇动，像成双成对的恋人般，在莺莺燕燕的歌声中，迈开了轻盈的脚步。

曾经的囚徒早已经换上一身挺拔的衣裳，忙碌地收拾着行囊，盼望着早日回到他们朝思暮想的家乡，他们美丽的妻子，他们亲爱的家人，这些是让他们坚持至今的意义。

他们的心情异常激动，甚至是自豪的，他们忍受住了苦难的考验，克服了心理上的扭曲，再次成了真正的人。

（一）

他踏上电车，奔赴多年以来魂牵梦绕的地方。夕阳径直洒在他的眼里，他一点都没感觉到不适，反而对着落日发出了会心的微笑。

他终于回到了家，凝望这四周，一切都和曾经一样美好，绿油油的草坪、满院盛开的花。

像无数次梦到的那样，他屏住呼吸，按响了门铃，等待妻子给他最幸福的拥抱。

"她一定激动坏了，她今天的样子一定很美。"

他再次按响了门铃，可是没有人开门。

他停不下按门铃的手，越按越快，到最后疯狂地砸向那早已残破不堪的门，疯狂地、绝望地喊叫，由怒吼变成了哭喊，他精疲力竭地瘫坐在门前，可是那个该开门的人依旧没有出现，而且永远不会出现了……

他的梦再次破灭了，只不过，他再也没有机会从梦中挣脱了。记忆中给予他力量的人，早已经死去。

支撑他活下来唯一的意义，崩塌了。没有人等他，他孤身一人。

他好不容易从苦难中逃脱，认为自己的苦难已经达到了极限。但直到这一刻，他才明白真正的苦难才刚刚开始，他还得经受更多、更深重的苦难。

（二）

这种苦难的打击，对于孤身一人的曾经的囚徒，不亚于最残忍的鞭打。他的精神世界如同过山车一般——绝望，重燃希望，彻底绝望。

他再也找不到坚持下去的意义，崩溃了……

不知为何，我的脑海里此刻浮现出一幅画面。我想到了一个人，一个中国人。一个大家都熟知并敬仰的民族英雄——郑成功。他一生的意义，都是为了光复明朝而战。

1662 年 6 月，南明的最后一个皇帝永历被吴三桂勒杀，大明王朝彻底灭亡。戎马半生的郑成功失去了信仰，他为复兴明朝而生，既然明朝已灭亡，他收复台湾又有何意义？他病倒在床上，不久便离开人世。

如此伟大的人，都承受不住失去生命意义的打击，更何况我们这些普通人呢。

世间的任何幸福都不能弥补我们承受的苦难。所以，我们不会刻意祈求幸福，它不是给予我们勇气并为我们的痛苦、牺牲以及死亡赋予意义的东西。

我们应当继续奋力寻找生命的意义，哪怕支撑我们的意义已经破灭，这些都不能成为我们放弃的理由。

（三）

我们一定不能忘记，即使在遇到看似毫无希望、无可挽救的厄运时，我们也能找到生命的意义。

有一位年迈的、患有抑郁症的医生向弗兰克尔咨询，他无法接受他妻子的死亡，他爱她胜过这世上的一切。

弗兰克尔压抑住自己内心的情绪问他："医生，如果你先她而去，而你太太在你死后还活着，那会怎么样？"

"啊？那她可就受苦了，她怎么受得了？"

弗兰克尔马上回答："你看，医生，她免除了这样的痛苦。代价是你现在还活着并陷入了深深的痛苦中。"

医生没有再说话，悄然离开了弗兰克尔的办公室。

那一刻，弗兰克尔虽然没有改变他的命运，但是改变了他对待命运的态度。从此以后，他明白了自己痛苦的意义。

这就是意义疗法的要义之一：人不能只关注获得快乐或者免受痛苦，而是要看见自己生命的意义，哪怕是牺牲的意义。那么痛苦就不再是痛苦了。

那些彻底明白自己生命意义的囚徒，当他回首集中营的经历时，不再能理解自己是如何活下来的。

所有的事物都化成了美好的梦境。曾经遭受的苦难仅仅是一场梦而已。

他真正得到了解放——除了上帝，他不再畏惧任何东西。

总结：万物皆自由，意义即生命

"春去秋来，旅人们在路旁看着慢慢凋零的鲜花，不由得感到惋惜。生命将要终结，花朵毫不忧伤，她已经完成了自己的使命——给这个世界带来一瞬间的美好，就是她生命的意义。"

（一）

"生命的意义"猛然听来仿佛是一个空泛、宏大的词。是呀，生活中的世俗，已经折磨得我们心力交瘁，怎么还有时间和精力追寻如此空泛的东西？

可也正因如此，很多人的自我存在感开始丧失。

我曾经听到过两个年轻人聊天，其中一个人问："我们工作、生活的意义是什么？"另一个人回答："就是没有意义……"

的确，这种虚无缥缈的感觉是一个较为普遍的现象。

与此同时，人类还丧失了告诉自己必须做什么和怎么做的本能，甚至连自己想做什么都不知道。

于是，要么随着大流，做别人所做的事，要么一切听从他人的安排。

总之，就是失去了生命的意义。

（二）

那到底什么才是生命的意义？

意义像辽阔夜空中的繁星，点缀着你的生命；意义像海岸上的灯塔，给予你指引；意义像山间的小路，虽然有时毫不起眼，却能带你翻山越岭。

大到为了家国无畏的牺牲，小到为让爱人会心一笑而做的点点滴滴，都可以成为你生命的意义。

弗兰克尔曾经用这样的话语，引导过那些丧失生命意义的人："要像是在经历第二次生命，仿佛你已经获得重生。不要再像过去那样生活。"

没有任何话比这句格言更能激发人的责任感了。首先它要求你设想，现在就是过去；其次，过去能够被改变和修补。这就让人能够直面生命。

意义疗法的核心就是要让人们认识到自己的责任，因此必须让他们自己决定为什么负责，对什么负责以及对谁负责。

打个比方，意义疗法的医生扮演的是眼科医生而并非画家。画家试图通过自己的表达让他人看见世界是什么样子；而眼科医生却让我们观察世界是什么样子，他们拓宽了我们的视野，让我们"发现"生命潜在的所有意义。

之所以我们用"发现"这个词，是因为生命的意义早就潜伏在我们的世界。就像之前说过的一样："我们的生命早就充满了意义，只是少了我们的拥抱。"

（三）

那天城市的天空被雾霾所笼罩。月光试图穿过它们，将仅有的微弱光芒洒向人间，但是却被城市里色彩斑斓的灯光所掩盖。赏月的人失望地离开了，仅剩寥寥数人。"恐怕今晚看不到月亮了吧！"

夜渐渐地深了，街上的霓虹也抵抗不过漫漫长夜，一点点晦暗下来。就在那时，城市突然刮起了大风，在风的威逼下，阴霾四处消散。

"看！蓝月亮！"那些坚持的人兴奋地叫着。那被掩盖已久的明月，终于重现了它应有的光芒。

这种从绝望中升起的希望，比轻易看到的美景更让人激动、兴奋。

或许，这就是等待的意义。

生命的意义并非命运给予你的东西，而是你赋予自己曾经、现在和未来的含义。

Chapter Five

第 5 章
构建底层
价值体系

类比阅读法 （概念转化）

　　在序言中，我们说过，即便我们已经通过阅读打通了知识脉络，但是请记住一句话，读万卷书，行万里路。

　　并非所有真理都蕴藏在书本里，我们要冲破阅读的壁垒，既要构建一套自己价值判断的底层逻辑，又要体会人情冷暖，适应世间的风云变幻，认真地体会人生这本无字书。

　　而在冲破壁垒之前，我们要把所有已经知道的东西内化下来。

　　说真的，阅读的难点，不在于你能否记住什么，而在于你能否将复杂的观点和理念运用自如。

　　这里为大家推荐一个系统的阅读方法，我称之为：类比阅读法。

　　这个阅读方法来源于《创新的本能：类比思维的力量》这本书，我把它的几个核心观点融入了类比阅读法中。

原则一，用熟悉的事物类比不熟悉的事物。

比如前文我提到的《君主论》当中的君王，如果我们对他们不熟悉，不妨把中国明朝时期的皇帝代入其中。

比如在《君主论》第十六章中，在讨论君主的慷慨与吝啬时，就写了很多平常人难以理解的文字。

简单地说就是：为了不过多地掠夺百姓，为了保全自己，为了不让自己背上敲诈勒索之名，君主不应该介意吝啬的名声，因为这是他能够继续维持统治的恶德之一。要么你已经是一位君主，要么你正在夺取君主之位，如果是前者，那你的慷慨就是有害的，若是后者，慷慨确是十分有必要的。另外君主在花钱的时候，若花费的钱财是自己的，则必须节约；若是他人的就不应该错过任何表示慷慨的机会。

上面这段话理解起来是比较费力的。但是，你若能将中国历史上的皇帝代入，就能很快明白其中之意。

比如李渊在隋朝末期起兵后，就开始大肆分封。

只要找到他的，据说九十岁的老翁都能被封个一官半职。

为什么？有两点原因：第一点，自己还未夺取君位，就必须团结一切可以团结的力量。在这个时候，夺权和打天下才是最重要的东西，钱财和官位是身外之物。

第二点，地皮不是自己的。反正江山那时候还没夺下来，天下未定，要让大家觉得自己不会亏待大家。

你看，这样转换下来，《君主论》中的观点是不是更好理解了？

原则二，遇见复杂的事物时，要精简概念，强调相似性，隐藏差异性，从此方面入手可以降低入门门槛。

你可能会说这样做不就是骗自己吗？请你注意后半句，我们的目的是为了降低入门门槛。人的大脑天生抗拒自己不熟悉的复杂事物。故而若能从两个不同的事物中找到相似性，则更能激发自己的兴趣。

比如你要将《君主论》这本书推荐给你的朋友，你可以这样介绍："《君主论》是意大利政治家、思想家尼可罗·马基雅维利的代表作，是一本毁誉参半的奇书，一直被欧洲历代君主奉为案头书，被西方评论界列为和《圣经》《资本论》等相提并论的影响人类历史的十部著作之一。"

这样估计你的朋友八成是不会翻看这本书的。

但是如果换一个角度介绍，找到《君主论》这本书和人际交往、职场晋升、自我管理甚至是为人处世等方面书籍的相似性，可能你的朋友会更容易接受。

比如你可以这样说："最近我看了《君主论》，刚开始我以为这是一个大部头著作，谁知道这么牛，里面居然有很多我们现在能用的方法论！内容和×××那本书有点类似，我前两天刚学会一招，怎么样才能让别人更愿意帮你，你看啊……"

原则三，具象化有用的抽象概念。

埃隆·马斯克是特斯拉的老板，他在多年前的一次演讲中，曾经说过一个豪言壮语，说要在2050年以后带领人们移民火星，并预测一百年之内会有100万个人在火星上生存。

当时，大家都认为他在吹牛，可他自己不那么认为。他在个人传记《硅谷钢铁侠》中阐述了这样一个理论：第一性原理。

这个词原本是计算物理和计算化学方面的专业名词，近年来被屡屡用在管理和商业创新上，听起来特别抽象，那该如何解释呢？

其实很简单，你可以把它理解为看清事物本源的方法。

埃隆·马斯克在移民火星计划中是怎么应用第一性原理去思考的呢？

首先，阻碍他施行火星移民计划的困难是什么呢？这个答案显而易见，即科技水平达不到送这么多人前往火星。发展科技最迫切需要解决的是什么问题呢？就是资金问题。

那么就有两个选项摆在眼前，一个是赚更多的钱，另外一个是大大降低单位成本。

以当时的科技水平，送一个人上火星需要花费 100 亿美元，送 100 万人上火星将是一个天文数字，要在几十年内赚这么多的钱显然是不可能的。

而马斯克的目标就是缩减费用，缩减为每人仅花费 50 万美金。

他提出可以通过四个办法来降低成本。

第一，火箭重复使用。火箭发射最重要的成本就是制造火箭的材料费。一旦火箭能够重复使用，就能大大降低成本。马斯克早就注册了一个航天公司，并实现了火箭可回收。

第二，飞船在空中补充燃料。如果让飞船在起飞的时候就装满抵达火星的燃料，那么火箭的重量就会增加 3 倍，单趟旅行需要消耗更多的燃料，火箭发射的成本也会随之增加。如果用火箭把飞船送到空中后，再利用像空中加油机一样的设备在太空中给飞船加燃料，就能节约很多成本。

第三，在火星上找到可以代替的能源制造燃料。

第四，选择性价比最高的燃料，马斯克选择了甲烷。因为在火星的地下层充满着大量的甲烷，而且生产成本很低。

就这样，马斯克通过严密的运算将成本降低至每人 50

万美元，这样他也就更加有信心和动力来满足他的好奇心了。当然，他也因为自己的好奇心，收获了切实的利益。

2018 年，他又为自己的这个计划增添了一项里程碑：2018 年 2 月 7 日凌晨 4 点 45 分，SpaceX 成功将猎鹰重型火箭发射升空，而且还绑着一辆马斯克的私人跑车。

你看，用类比思维来解释一些抽象的概念，是不是容易得多呢？

阅读"两眼论"
（接受不同观点）

2018 年，我在朋友圈看到一篇文章，里面提到一个认知世界的观点，叫两眼论。

这是一个叫老喻的作者提出来的一个观点，源自于围棋。作为变化最复杂的脑力游戏，围棋的基本规则仅有八个字：两眼活棋，隔手提劫。

一盘棋，一定要有两个眼才能活，人也是这样，必须有两个取代的技能才能出类拔萃。

老喻举了比尔·盖茨的例子。

比尔·盖茨本来是一个不用 100 年就会被遗忘的家伙，但当他攀至财富的顶峰时，他很漂亮地"水平飞翔"到慈善领域。他将自己的"钞票、商人的精明、软件工程师的系统思维"三位一体地嫁接至全新领域，也让自己进入了"再活 500 年圆桌俱乐部"的"平流层"。

他找到了人生的第二个眼。

我在微信上看到他的这篇文章后，大受启发，也总结一种读书的方法，或者说是另外一个底层逻辑：阅读"两眼论"，即在我们阅读的时候，应该接纳不同的观点。

　　其实在阅读的过程中我们经常会遇到这样的问题，在面对同一件事情的时候，人们会给予完全不同的答案。

　　比如人们对明朝的袁崇焕就有很大的争议。

　　如果上网去查袁崇焕的资料，我们会发现网友分为两派，一派是袁崇焕的粉丝，说他是大忠臣，遭到奸人的陷害，最后回京救援反而被诬陷十二项大罪。

　　另一派则说袁崇焕罪有应得：投靠魏忠贤，私下与皇太极议和，矫旨擅杀大帅毛文龙等。

　　那我们究竟应该信任谁?

　　其实，在读书的时候，我们要有自己的价值判断，就是无论一个观点如何颠覆我们的认知，我们都不要急于否定。

　　我们要先看这个观点的逻辑能不能够自洽，也就是说在逻辑方面是否存在漏洞。若是在逻辑方面能够自洽，我们就应先接受这个观点，至于事情的真相倒是其次。

　　就拿袁崇焕来说，他是忠是奸，对于我们来说并非那么重要，但是我们可以从不同的逻辑中汲取一些对我们有用的东西，袁崇焕身上有很多东西可以给我们提供教训，也有很多东西，值得我们学习。

比如其中一点，就是不要随便做判断，也不要随便说大话，否则你可能会因为你说的"豪言壮语"而不得不改变自己原有的战略。

在袁崇焕被崇祯皇帝起用的时候，崇祯皇帝问他："你有没有什么办法可以平复辽东的战事？"

袁崇焕说："你要是相信我，给我五年时间，我就能平复辽东。"

崇祯皇帝满意地点了点头，之后相谈甚欢。休息期间，兵部的一个小官慌张地问袁崇焕："现在敌人的军队这么凶猛，你凭什么这么有把握说五年之内击退人家？"

袁崇焕不以为然地说："哎呀，我只是说说而已。你看皇上都急成那样了，我这不是安慰他吗？"

小官说："你可搞错了。咱们这位皇帝可英明着呢，眼里揉不得沙子。你要是答应他的做不到，可能就会倒大霉了。"

袁崇焕吓得直哆嗦。等他上了前线后，因为自己的大话，不得不改变战略。以前只是对峙，保证敌人不能进寸土，现在呢？必须主动出击，击退敌人。

熟悉明史的人都知道，袁崇焕是一位特别擅长防守的将领，有相当丰富的战争经验。他自己也知道，自己不可能在五年之内击退敌人，不得不兵出险招，这也为他以后的结局埋下了伏笔。

如此进行阅读，就算遇到了你不认可的价值观，你都有可能从当中汲取到益处。

前一段时间，网上流传了一句名言，说是著名作家菲茨杰拉德，也是我个人特别喜欢的作家，在《了不起的盖茨比》中写了这样一句话："同时保有两种截然相反的观点，还能正常行事，这是一流智慧的标志。"

当时我就感觉很奇怪，我记得菲茨杰拉德写过类似的文字，但是绝对不是在《了不起的盖茨比》中写的。

于是我翻遍了他所有的小说，终于在他的另外一本短篇小说集《崩溃》中，找到了类似这句话的原文："要检验头脑是否一流，就得看它能不能容纳互相抵牾的思想，并且照常运转。"

现在你在网上搜索这句话，几乎全都是说这句话出自《了不起的盖茨比》。虽然它是错误的。

可是，就算我查出了真相，这句话对我的价值依旧没有衰减，也被我奉为我的阅读以及为人处世的底层逻辑之一。

自我投射阅读法

　　曾经有很多人问过我喜欢读哪种类型的书。我给出的答案是没有范围。刚开始时，我的阅读只是为了满足自己的好奇心。

　　久而久之，书中的知识帮我建立起了知识框架，我就开始抱着普及阅读方法、写作方法和学以致用的目的试图从书中寻找出所有事物的底层逻辑。

　　我读的书也就越来越多，越来越杂。

　　最初，我一直抱着求真的目的学习书中的知识，即想要弄清楚作者最真实的思想和方法论。

　　在这个过程中，我经历了特别多的煎熬，特别是在经历这些煎熬后，发现学会的知识难以应用时，我更是陷入了自我怀疑中，反复地想：我花这么多时间琢磨这些东西，到底有什么用？

　　不过，人总是能在别人不经意的话语中灵光一现地得到启迪。没有例外，我也是如此，在阅读莫言先生的《丰乳肥臀》时，我看到了一句话："文学的魅力之一，也许就是可以被误读。"

读完后，我突然醒悟：在我们学习和阅读的过程中，求知与求真并不矛盾。

所谓自我投射阅读法，就是即便在没有弄清楚作者原本的意思的情况下，我们也可以根据生活中的自我投射，来理解甚至曲解原文，来达到学以致用的目的。

该如何去做呢？方法很简单。

第一步，弄清楚你想要解决的问题，建议你列个清单，比如什么是知行合一、我该怎么做……

第二步，找到有类似问题的书，比如在历史方面，可以选择度阴山的《知行合一王阳明》、熊逸先生的《王阳明：一切心法》等。

第三步，用速读法找到可能有关的关键点。比如：**无善无恶心之体，有善有恶意之动，知善知恶是良知，为善去恶是格物。**

知是行之始，行是知之成；知而不行等于不知，行而不知是为盲行。

第四步，把自己投射进去，选择对解决问题最有利的方式来理解。

上面那两句话，一句被视为王阳明对其大半生学术思想的概括性论述，另外一句是王阳明自己对"知行合一"的解释。

简单地说就是：我心中始终是这样想的，所以我行为上自然这样说。

比如我捡了掉在地上的 10 万元钱，我之所以拾金不昧，是因为我始终视金钱如粪土，没有想要占有它的欲望。而不是说，我知道这样做不对，用理性克制住自己内心的冲动，所以拾金不昧。

在很多畅销书中，往往都是使用后一种解释，毕竟前一种境界太难达到了。即便在我们知道真实的意思之后，也可以使用这个自我投射阅读法，先在内心中存放真正的"概念"，然后再从最容易解决问题的方式切入，最终达到自己阅读的目的。

结语

超越阅读
——为人生带来意义（以及人生书）

其实，在不熟悉我的人看来，对于阅读，我是一个非常矛盾的人。

一方面，在遇到有价值的书籍，特别是经典书籍时，我愿意投入大量时间和精力去研究它们，剖析它们的源头，分析它们对人类社会的发展造成过什么影响，甚至能够挖掘到很多和它们不相关的内容。

另一方面，我不会情绪化地把它们奉入神龛，过度地探寻它们的现实意义。

说高一点，它们为我的阅读奠定了四块动力基石，说低一点，它们只是我丈量世界的工具。

每个人的具体阅读方法都不尽相同。我个人的阅读方法则几乎始终如一：从感兴趣的地方切入，再利用兴趣扎稳根基，然后描绘出这个领域的基础模型，之后慢慢深入或者拓展下一个领域。

在整个过程中，最重要的是，不要持固有的观点，同时也不要让情绪左右你的思想。

我知道这很难，它需要耗费我们大量的精力。但是只有这样才能解决我们在序言中提出的那几个哲学问题：我们从何而来？我们身处何地？我们将通往何方？

在知识的海洋里，我们仅仅是一滴水，我们不可自大，但也不必畏惧。所有源头的建立，都要从做开始，至少你要开始读，你才能介入到这片海洋中。

兴趣和利益为你的行舟增加动力，好奇心帮助你规划航线。重要的还是你自己，你是这艘求知之船的船长，只有你才能决定它的方向。

其实，我们之前所讨论的阅读也只是狭义上的阅读，实际上，每个人每天每时每刻都在通过不同的形式进行阅读。

比如通过眼睛观察身边的事物，利用耳朵聆听周围的声音，使用双手触摸世界的感觉……只不过形式不同。

总结下来，人们认知世界的方式一共有三种：分别是他人告知、逻辑推知和亲身感知。

他人告知中的最划算的方法就是阅读。逻辑推知是一个很难的过程，它需要对专业知识有足够的洞察。

但很多时候，有些知识没有亲身感知，是难以领悟的。最简单的例子是，我们都知道射击的原理是三点一线，然而没有亲自去练习，射击也很难达到合格的水平。

正如俗话说的那样：读万卷书，行万里路。

亲身感知的第一个意义是增长见识和加深印象。对于他人告知的知识，只有亲身体验一下才能够让它们变成自己的。比如前文中我教给大家复述知识点的方法，就是一种亲身感知的方式。而对于陌生的认知，通过亲身感知之后，转而再告诉他人，也是一种比较好的方法。

亲身感知的第二个意义是可以让你走出以往的圈子和环境。我们平时在自己的城市生活久了，对于每一条街道、每一栋建筑都很熟悉。然而一旦换了一座城市，我们很可能会失去方向感，对于日常的工作环境也是如此。我们的时代越来越多元，熟悉一个领域往往也会让自己陷入狭隘的视野中。因此空闲之余，我们可以去参加一些有意义的社会活动，比如讲座、读书会等。多接触陌生的领域，有时候突发的灵感会对自己的专业有帮助。

亲身感知的第三个意义就是让我们更了解自己。世界是一面镜子，当自己置身于陌生的环境中的，自己在平时难以发现的不足，就会很容易显现出来。比如一群朋友组团旅游，就很容易产生问题，而这之间就需要一些沟通、协调的工作，这对人的能力也是一个很有趣的考验。

我们的人生不应该局限在书本上，我们更多的时间是用来体会人生这本无字之书的。

但无论是通过什么样的方式阅读，之前我们说过的四块动力基石和以下几个底层逻辑都显得十分重要。

1. 对任何事情、任何观点都不要急着否定

你越是否定，你的潜意识就越会收罗各种证据加强你的否定，这也就为你的认知关闭了一扇窗户。

2. 在任何情况下都不要着急做判断

一个人、一件事、一个观点是好的还是坏的，有时并没有那么重要，重要的是，我们能从中学习到什么。

3. 养成辩证性思维

这里的辩证性思维，并非指我们简单地认为一件事情，七分是好的三分是坏的。如此的话，依然是遵循是非的判断标准，无法帮我们走出思维的陷阱。

那么，辩证性思维在这里指的是什么呢？其实，它是一个问题的分解过程。将所有逻辑上能够自洽的观点，以及它的底层逻辑从一个具体的事物中剥离开来。然后根据

不同的情况进行重构，以摆脱对身边的环境和以往经验的依赖，从而形成自己真正坚守的原则。

这一次的阅读之旅到此就要结束了。就在前一段时间，很多朋友问我接下来想做什么，有什么计划。

或许是陪大家读几本书，或许是做一堂极简的写作课，或许是教大家如何合理利用时间。我想我的主线不会脱离阅读、写作与时间管理这三件事。总之，我都会饱含着使命感去完成自己想要完成的一切。

无论这本书对你是否有启发，我都想请你记住阅读的意义：

也许没有人能将自己的知识航线布满整个海洋，不过那没关系，只要明天我们跑得更快一点，把胳臂伸得更远一点……总有一天……于是我们奋力向前行……哪怕最终被推回过去……

就像无数先贤发出的那一声怒吼一般：让我们试试看，在太阳将我们翅膀上的蜡融化殆尽之前，我们到底能飞多高。